새롭게 읽는 성서의 숨결 시리즈 I

요나서의 숨결

우택주 지음

침례신학대학교 출판부

『요나서의 숨결』을 내면서

대개 신학자가 쓰거나 옮긴 글을 읽게 되는 독자들은 잔뜩 긴장을 한 채 이성의 촉각을 곤두세우곤 한다. 그런 자세가 합당하고 또 맞는 말이다. 그러나 그렇게 정성을 들여 글을 읽은 뒤에 그것을 곧장 신앙생활의 영역에 옮겨 적용하기란 여간 쉽지가 않다. 신학자들의 고충은 여기에 자리한다. 연구실과 교실의 신학적 토론과 해법들이 일반 독자들－목사, 전도사, 직분을 받은 평신도－에게 그리고 교회에 평이하게 다가갈 수 있는 길은 없을까?

여기 우리는 난해한 성서 주석의 결과를 누구든지 손쉽게 접할 수 있는 길을 시도하고자 한다. 『새롭게 읽는 성서의 숨결』 시리즈가 그것이다. 이 시리즈는 성서로 설교를 준비하는데 평생을 바치는 목사, 전도사, 그리고 성서의 뜻을 더욱 잘 알기 위해 부단히 애쓰는 평신도들이 손쉽게 읽고 묵상하여 그 의미를 삶에 적용할 수 있도록 하기 위하여 성서 본문의 주석 결과에

현대 우리 사회의 이슈를 염두에 두면서 평이하고 맛깔스런 언어로 우려내는 작업을 한 것이다. 이번 시리즈가 첫 편이라 여러모로 부족하지만, 다음 편은 필자뿐 아니라 더욱 실력 있는 학자들이 시도하는 보다 새롭고 재미있는 성서풀이를 약속하는 바이다.

이 시리즈의 기획은 사실 이미 대한기독교서회에서 출판하는 월간 신학지인 『기독교사상』의 <성서의 숨결> 시리즈에서 실시하고 있는 데서부터 착상한 것이다. 아울러 이 책에 실은 『요나서의 숨결』의 내용 대부분은 『기독교사상』 2004년 9월호부터 12월호까지 <성서의 숨결> 코너에 연재한 내용을 약간 자구 수정하여 옮긴 것임을 밝혀둔다. 이 당시 집필분량 제한 탓에 누락되었던 요나서 1:11-16은 "던짐의 패러독스와 참다운 신앙"이란 제목으로 여기서 새롭게 추가하였다. 아울러 이 글의 개인적 사용을 허락한 기독교사상의 편집부장 한 종호 목사님에게 감사의 말씀을 드린다. 그리고 나머지 두 개의 글 "요나서의 생명신학"과 "요나서의 패러디"는 2002년과 2003년에 침례신학대학교 학보사에서 발간한 『침신대학보』의 <교수논단>에 각각 기고한 글이다. 특히 "요나서의 생명신학"을 읽고 친환경적인 관점으로 예언서를 읽는 일에 보다 깊은 관심이 있는 독자들은 기독교환경연대가 엮은 『녹색의 눈으로 읽는 성서』(대한기독교서회, 2002)에 필자가 기고한 "12예언서의 친환경적 읽기: 12예언서"를 참고하기 바란다.

모쪼록 이 글을 읽고 목사님들은 성서에 담긴 말씀의 뜻이 이렇게 풀이될 수 있다는 가능성을 깨닫고 하나님의 말씀의 넓이와 깊이에 겸허하게 성찰하는 자세로 더욱 자기 자신을 가다듬고 말씀의 의미에 귀를 기울일 수 있는 계기가 되기를 바라며, 학생들은 주석이 무엇인지를 새롭게 배울 수 있기를 바란다. 끝으로 평신도들은 요나서가 담고 있는 하나님의 말씀의 숨결에 닿아 더욱 경건한 삶을 살면서 교회에 주신 거룩한 사명을 위해 그 책임을 다하면서 한층 더 성숙하게 도약할 수 있기를 바라마지 않는다.

차가운 공기를 가슴 가득 받아들이며
2004년 12월

하기동 연구실에서
우 택 주 교수

차 례

요나가 일어나 다시스로 도망하려 하여….

1. '팽' 당한 하나님과 요나의 바다

- 요나서 1장 1-10절 -

요나서 오딧세이

너무도 잘 알려진 요나 이야기에서 무슨 새로운 것이 있으랴! 하고 이 성찰의 진부함을 토로하고 아예 읽기를 포기하는 독자가 있다면 이 말을 해주고 싶다. 성서의 의미는 언제나 자명하지 않으며 충분하지도 않다. 성서의 의미는 망망한 바다에 떠 있는 섬들과 같아서 해석의 노를 저어 거친 물결들을 헤친 후에야 겨우 의미의 섬 몇 군데에 닿을 수 있을 따름이다. 아직 가보지 못한 의미의 섬들은 여전히 미지로 남아 있고 방문자를 기다리고 있기에 경건한 노 젓기는 계속되어야만 한다. 요나서의 경우, 의미의 골과 결이 첩첩해 있어서 한 자리에서 다 풀어내기가 여간해서 쉽지가 않다. 그래서 아직 가보지 못한 몇 군데 의미의 섬을 방문하는 일은 새로운 모험심이 필요하다. 본문이 구성하고 있는 언어의 바다는 온갖 공백과 위험이 곳곳에 도사리고 있기 때문이다. 그 때마다 노 젓는 이는 저간에 축적한 경험으로 공백을 메우거나 지혜의 다리를 놓고 통과해야 한다. 요나서 읽기는 오딧세이의 모험과 같다.

카리스마적 예언자의 해부

구약의 예언자들은 이 세상과 제도가 가늠할 수 없는 신령한 카리스마적 존재로 일한다. 그들의 카리스마는 꼬이고 헝클어진 개인의 삶과 민족의 역사에 막힌 물꼬를 트고 생명과 정의에 기초한 미래를 여는데 기여하곤 했다. 교회는 일정 부분 그들의 사역을 모델로 삼고 있다. 신앙을 끊임없이 개혁하려는 취지에서다. 그런데 과연 오늘날의 교회가 예언자적 사역을 충실히 감당하고 있는가? 교회가 예언자적 카리스마를 계승하여 답답한 역사의 숨통을 열고 이 사회에 밝은 소망을 불어넣어 주고 있는가? 만일, 그렇지 않다면 어떤 연유에서 그런가? 요나서 읽기는 바로 이 질문으로부터 시작한다. 요나서는 예언자에게 부여된 신적 카리스마를 적나라하게 해부한다. 이 해부학 교과서를 함께 읽으면서 예언자가 전부 다 깨닫지 못했던 진실이 무엇인지를 새롭게 깨우쳤으면 좋겠다.

요나는 누구인가? 신명기역사적 기록에는 출신지가 '가드헤벨'이며 혈통은 '아밋대의 아들'이며 직업은 '하나님의 종, 선지자'라고 말한다(왕하 14:25). 그의 생애에 기억에 남는 업적이 있다. 북왕국의 왕 여로보암 2세(784-744 BCE)가 "영토를 하맛 어귀에서부터 아라바 바다까지 회복하리라"는 예언을 한 일이다. 고대에 예언은 왕실의 국가 정책 설정에 중요한 몫을 차지했기에, 그를 국가 중흥에 기여한 민족주의자로 봄이 마땅하다. 그러나 요나서의 요나는 이런 역사적 보도와는 차별된 면모와 정신세계를 보여준다. 큰 성읍 니느웨의 악독을 지적하고 그것을 향하여 외치라는 야훼 하나님의 명령을 거역하고 도망하였기 때문이다. 니느웨는 훗날 북왕국 이스라엘의 역사를 종식시킨 나라 앗수르의 수도로 발전한다. 그 도시가 지금 하나님의 심판을 받아 멸망한다면, 훗날 북왕국의 운명에 유리하게 작용했을 수도 있다. 그러나 요나는 그 일을 온 몸으로 저항한다. 그래서 요나서의 요나는 신명기역사서의 기억과는 매우 다른 인물이다. 게다가 요나서는 그의 혈통은 동일하게 보도하면서도 출신지는 누락시키고 있다. 이것은 요나서의 저자가 역사적 사실에 근거한 사실만을 보도하려는 뜻이 없다는 태도이다. 주지의 사실을 소재로 삼고 있지만 그 사실에 집착하고 않으려는 뜻이 숨어 있다.

진리에 목숨을 거는 자

'아밋대의 아들'이라…. 히브리어의 뜻을 새겨보면 요나는 '진리의 아들'이란 거창한 구호를 몸에 지니고 사는 자다. 진리를 수호하고 진리를 위해 목숨을 걸고 살아가리라는 인생철학이 담겨 있을 법하다. '요나'란 이름은 두 가지 뜻을 가진다. 첫째, '비둘기'이다. 구약성서에서 비둘기 이미지는 지각없이 앗수르와 이집트 사이에서 변덕스럽게 오락가락하다가(호 7:11-12), 결국 야훼에게 돌아오는 북 이스라엘을 상징한다(호 11:11). 요나가 야훼 하나님의 명령을 거역하여 도망하는 모습은 마치 방향이 일정치 않게 날아다니는 비둘기의 모습을 연상시킨다. 둘째는 억압, 포학이다. 이 단어는 예루살렘 도성의 포학을 고발할 때 사용된 적이 있다(습 3:1). 요나는 니느웨 백성이 구원받기보다는 멸망 받는 것이 합당하다고 주장하면서, 야훼 하나님의 은혜 베푸심을 못마땅하게 생각한다(욘 4:2). 요나서의 요나는 하나님을 억압하고 하나님에게 횡포를 부리는 자이다. 하나님 앞에 비둘기 같은 요나, 하나님에게 횡포를 부리는 요나는 진리의 이름으로(!) 삶을 꾸려 가는 자다.

1장의 이야기를 엮어 가는 주요 등장인물은 하나님, 요나 그리고 이방선원들이다. 신앙의 렌즈로 바라보는 세상 역사의 드라마에 출현하는 등장인물은 언제나 하나님, 신앙인 그리고 이방인이다. 그들은 각자의 본분에 따라 일정한 역할을 수행한다. 하나님은 바다와 육지를 만드신 분으로서 자연과 사람을 움직인다. 이방선원은 배를 이용하여 무역을 하며 여행객을 운송하여 생계를 유지한다. 언제나 그렇듯이 그들은 야훼 하나님을 믿지 않은 채 야훼 신앙인들과 어울려 살아간다. 위기의 순간이 닥치면, 일단은 자기네 신에게 구원을 의뢰해 보지만 진정한 구원은 오직 야훼 하나님으로 말미암는 진리를 뒤늦게 깨닫는 자들이다. 문제의 핵심은 요나이다. 세계사의 무대에서 문제를 일으키는 사람은 궁극적으로 진리의 수호자라 자처하는 신앙지성인 요나이다. 바다에 풍랑이 몰아치는 이유가 어디에 있는가? 요나 때문이 아니었던가? 요나 때문에 시간과 정력낭비, 물질손해, 환경의 변화가 초래되지 않았던가? 우리 사회가 고요함에서 느닷없는 소요로, 순풍에서 역풍으로 뒤바뀐 현실을 겪는다면 그 사태의 이면에는 언제나 하나님을 잘 믿는다고 자타가 공인하는 지도자급 신앙인들 때문이라는 것이 요나서가 주장하는 진리의 한 축이다. 과거에도 그랬고, 지금이나 앞으로도 이런 역사 해석의 패턴은 변동이 없을 것이다.

'팽' 당한 하나님

"야훼의 말씀이 아밋대의 아들 요나에게 임하니라"(1절). 요나서는 야훼의 말씀이 요나에게 '임함'으로 시작한다. 인류의 역사는 하나님의 말씀으로부터 시작된다. 그 말씀은 사람에게 존재의 이유와 삶의 목표를 일깨워준다. 부르시는 말씀 없이 역사와 사명은 계승되지 않는다. 또한 그 부르심에는 후회하심이 없다(롬 11:29). 말씀이 임하자마자 요나는 예언자로서 존재하기 시작한다. 하나님의 말씀은 자기를 극복하고 개인과 집단에게서 벗어나 "저 너머에게로" 가라는 부르심을 의미한다. "저 너머로 가는 일"은 단순히 소속 사회로부터 이탈하거나 사회를 부정하는 움직임을 부추기는 것이 아니다. 오히려 그것은 사회에 진정으로 공헌하기 위함이다.

세상에서 한 개인이 완성되는 것은 현상을 유지하기보다, 진리를 추구하여 한 걸음 더 내딛는 삶을 선택함으로써 이루어지기 때문이다. 따라서 요나의 문제는 하나님의 명령을 순종하거나 불순종하여 자신의 행복을 차지하느냐 하지 못하느냐는 것이 아니다. 그것은 자신과 현재로부터 해방되느냐 못하느냐의 문제이다. 자기에게 집착하면 할수록 해방이란 요원한 과업일 뿐이다. 요나를 요나 되게 하는 사건은 삶의 어느 모퉁이 길에서 급작스럽게 '임한' 하나님의 명령이다. 하나님의 말씀이 '임하기' 전, 그는 아무도 아니고, 아무 일도 하지 않는다.

"너는 일어나(**쿰**) 저 큰 성읍 니느웨로 가서 그것을 향하여 외치라(**케라**) 그 악독이 내 앞에 상달하였음이니라"(2절). 분명한 사역과 삶의 목표가 그에게 주어진다. 그러나, 이게 웬 일인가? 예상치 못한 일이 벌어진다. 순종하는 요나를 기대했는데, 아니었다. 아직 자세한 이유는 모르겠지만, 요나는 "일어나 야훼의 얼굴을 피하려고 다시스로 도망하려 하여 욥바로 내려갔더니 마침 다시스로 가는 배를 만난지라 야훼의 얼굴을 피하여 그들과 함께 다시스로 가려고 배 삯을 주고 배에 올랐다!"(3절). "야훼의 얼굴을 피하려는" 의중을 한 구절에서 두 번씩이나 반복한다. 그런 요나의 태도는 전혀 이중적이지 않다. 분명하다. 그는 야훼 하나님의 얼굴을 피해서 도망가는 것이다.

도망이라니? 그것도 하나님 앞에서. 처음부터 어불성설이다. 어떻게 도망할 수 있는가? 도대체 요나의 도망이 역설하는 바는 무엇인가? 세상만사 다 야훼 하나님이 섭리한다. 예언자는 하나님의 섭리를 언어와 행위로 구상화하는 대리자이다. 하나님은 이런 대리자들을 불러 사용하는 일에 한 번도 실패해 본적이 없다. 그런 관계 속에서 지엄한 분의 뜻을 정면에서 거역하고 돌아선 인간은 단 한 명도 없었다. 하나님의 부르심을 미심쩍어 하거나, 분부하는 일이 하도 거창해서 자신의 능력을 돌아보고 감히 수행하기가 어렵다고 느끼고는 겸손하게 사양을 표명하거나 주저주저한 사람들은 간혹 있었다. 그러나 야훼 하나님의 성실함 앞에서 끝까지 자기를 고집한 사람은 단 한 명도 없었다. 모세는 “입이 뻣뻣하고 혀가 둔한 자”라고 겸손히 사양했지만(출 3:10) 훌륭하게 사명을 완수했다. 사사 기드온은 일하기 전 하나님의 능력을 보여 달라는 조건이 성취되자 역시 두말 않고 사명을 감당했다(삿 6:17). 아브라함이 소돔과 고모라 성을 멸망시키겠다고 길을 나서는 야훼의 앞을 가로막고 역사상 가장 긴 논쟁을 벌인 경우도 있지만(창 18:22-33), 하나님의 양보와 성실에 길을 열어 드렸다. 예언자로 부름 받은 사람들이라면 언제나 신의 부르심에 순종하기를 자기 생명보다 더 소중히 여겨야 하지 않겠는가?

이 모든 설득력 있는 당연함이 요나에게는 없다. 1절은 구약성서에서 자주 사용되는데(삼하 7:4; 왕상 17:2, 8; 렘 1:4, 11 등등), 특히 예언서의 첫머리를 표현하는데 쓰이는 전형적인 구문이다(호 1:1; 욜 1:1; 미 1:1; 습 1:1; 학 1:1; 슥 1:1). 하지만, 다른 모든 예언자들처럼 요나 역시 순종하겠지 하는 하나님의 예상은 빗나간다. 순종은커녕 그는 하나님과 논쟁 한 마디 나누지 않은 채 즉각 외면하고 돌아선다. 이 부름이 이토록 서로의 거리를 멀게 만들 줄 그 누가 예상했으랴. 부르심을 받은 자가 부르신 하나님에게 표증을 달라는 요청 한 마디, 이견이 있으므로 차이점을 좁히려는 맹렬한 논쟁 한 마디도 없이 즉시(!) 몸을 돌이켜 뒤도 돌아보지 않고 도망을 가다니…. 하나님이 주어인 성서의 세계에서 도무지 상상할 수 없는 일이 벌어졌다. 요나의 도망, 그것은 하나님의 버림받음이다. 이용가치가 사라지면 홀대하는 것을 '토사구팽'(兎死狗烹)이라고 하던데, 하나님은 요나에게 그 '팽'(!)을 당한 것이다. 천지와 바다를 지으신 하늘의 하나님 야훼가 이런 예상치 못했던 수욕(?)을 당하고 가만히 계실 리 없다. 바야흐로 하나님 편의 분기충천한 대응이 예상된다. 하나님이 추적한다면 이 또한 만만치 않을 것이다.

하나님을 버리고 도망가는 이유가 무엇일까? 서너 가지 답변이 있다. 먼저, 이스라엘이 앗수르에게 멸망당한 역사적 경험에 비추어 그가 그 나라의 수도인 니느웨를 지독히도 혐오했기에 가기를 거부했단다. 혹시라도 심판의 메시지를 전했다가 회개라도 하는 날에 구원이라도 받게 되는 일은 없어야 하니까. 달리는, 심판의 메시지를 전했다가 멸망하기는커녕 도리어 구원을 받는다면 그런 예언자는 참 예언자가 아닌 거짓 예언자로 낙인찍힐 것을 두려워했단다. 혹은 멸망 받아 마땅한 악독한 니느웨 사람들에게 하나님의 **헤세드**(인자)가 베풀어지는 것을 용납하지 못하는 요나의 신학적 편협성이 하나님의 계획을

비토한 것이란다. 혹은 하나님의 임재를 상징하는 성전과 그 지역성을 벗어나면 하나님의 주문으로부터 자유로워질 수 있겠지 하는 속내였으리라. 성전을 떠나면, 하나님을 떠날 수 있다고 생각한 듯싶다. 어떤 답변이든 그것으로 이야기가 진행되면서 우러나올 함의를 미리 예단하거나 전부 가늠하지는 말자. 어떤 답변이든 도망이 최선책은 아니라는데 동의할 것이다. 그럼에도 불구하고 요나는 도망한다. 바다로.

깨어진 관계, 집요한 추궁

팔레스틴 서해안의 항구, 욥바에 도착한 요나는 때마침 다시스로 가는 배를 만난다. 일이 어쩌면 그렇게 잘 풀리는지. 만면에 회심의 미소를 지은 요나는 여유 있게 뱃삯을 주고 배에 오른다. 요나를 실은 배는 이윽고 바다 한 가운데로 순항한다. 육지가 점점 멀어져 시야에서 가물가물해질 순간이던가, 느닷없이 '큰 바람'이 바다에 일렁이기 시작한다. 조짐이 이상하다 싶더니 곧 '큰 폭풍'으로 변모한다. 큰 폭풍을 빌미로 바다는 엄청난 파도를 앞세워 배를 삼킬 듯 덮치고, 근육질의 파도가 배를 깨부수기라고 할 듯 이리 치고 저리 치며 난동을 부린다. 그 '큰 바람'은 다름 아니라 하나님이 바다 위에 '던지신'('내리신' **헤틸**) 것이었다(4절). 하나님의 도리깨질이 시작된 것이다. 여기에 질문이 생긴다. 이런 자연의 힘을 통한 도리깨질이 아니고서는 요나와 하나님이 평화롭게 상면할 수는 없었을까? 이런 식으로밖에는 서로가 만날 수 없는 현실이 아쉽다.

하나님의 손길을 요나가 모를 리 없다. 어차피 하나님의 얼굴을 피할 심사였지 않은가? 그는 바다 한 가운데서 만난 큰 바람과 큰 폭풍을 하나님이 내뻗는 손길로 감지했을 것이다. 그래서인지 그는 슬며시 이 손길을 피한다. 배 밑층(**야르케데 핫세피나**)으로 내려가서 누워 깊이 잠을 청한 것이다(**바이예라담**, 5절). 그의 깊은 잠을 태초에 아담이 잔 적(**타르데마**)이 있다. 갈비뼈를 꺼내가도 모를 정도로 깊은 수면이었다. 죽음과 방불한 잠이다. 요나의 잠은 하나님의 얼굴을 보고 싶지 않아 청한 잠이다. 아예 하나님의 자취라면 그 무엇도 접하기 싫음의 웅변이다. 하지만, 그 깊은 잠이 방해받지 않고 얼마나 계속될 수 있을까? 또 그의 피신과 도망은 얼마나 오랫동안 지속될 수 있을까? 그것은 사실 처음부터 시간문제였다. 조금 있다가 야훼 하나님은 다른 방식으로 그를 깨우고 만날 것이기 때문이다.

그 때가 이윽고 온다. 이방선원들이 배를 구하려고 신의 도움을 간청하기도 하고, 배를 가볍게 하려고 배 안의 물건들을 바다로 내던졌지만 허사였다. 배를 구하기 위해 총력을 기울이던 배의 선장이 잠든 요나를 보고 다가서서 일으켜 깨우며 하는 말이다. "자는 자여 어찜이냐 일어나서(**쿰**) 네 하나님께 구하라(**케라**) 혹시 하나님이 우리를 생각하사 망하지 아니하게 하시리라"(6절). 선장의 어투가 심상치 않다. 언제인가 그 누군가로부터 들었던 설교와 흡사하지 않는가. 돌이켜보건대 이 말은 자기가 애초에 야훼 하나님으로부터 들었던 그 사명(**쿰**, **케라**, 2절)의 소리가 아닌가. 잠에서 깨어난 그가 들은 목소리는 선장의 것이면서도 동시에 하나님의 음성인 것이다. 그러니, 이 집요한 추궁에 경악할 수밖에. 선장과의 대면이 하나님과의 대면이라니. 그럼에도 불구하고, 더욱 경악스러운 일은 한 마디도 대꾸하지 않는 요나의 태도다.

놀라움을 진정시키고 사태를 살펴보니 어째 모양새가 영 그렇다. 위기에 처한 배를 구할 사명이라면 그런 일은 신앙지성인이 마땅히 할 도리가 아닌가? 자칭 신앙지성이란 작자가 공동체의 위기를 극복하는데 동참하지는 못할망정, 오히려 잠을 자고 있다니…. 게다가 이방선장에게 하나님 어투의 설교까지 듣다니…. 역할이 뒤바뀌어도 너무 많이 바뀌었다. 요즘 우리 사회가 그렇지 않은가. 사명자는 깊은 잠을 자고 공동운명체의 위기에 둔감한 반면, 사명 없이 그저 목숨 부지에 급급한 사람들이 도리어 위기 극복에 훨씬 적극적으로 기여하곤 한다. 그러니, 이방인에게 설교를 들어도 싸다. 무엇이 그렇게 그를 토라지게 하고 외골수로 빠져들게 하는지 모르겠다. 하지만, 누구라도 생명을 그 무엇보다도 우선순위에 두어야 할 일이다. 혼자만 잘 살겠다고 공동체의 위기를 외면해서는 안 될 일이다. 여하튼, 소스라치게 놀라운 이 선장의 요청에도 불구하고 요나는 끝까지 하나님에게 입을 열지 않으니, 이렇게 답답할 데가 없다. 입만 열면 대 타협과 화해를 끌어내고, 꼬인 일을 속 시원하게 풀 수도 있을 터인데.

바다의 요나, 요나의 바다

하나님의 추궁은 중단이 없다. 선원들은 재앙의 원인이 되는 사람을 가려내기 위해 제비를 뽑았다. 결국 요나가 지목되었다. 처음에 하나님은 바다의 요나를 향해 바람을 던졌다. 바람 앞에 요나는 배 밑 전으로 기어 들어갔고 또 다시 거기서 선장과 조우한다. 선장은 하나님 모습으로 나타나 사명수행을 추궁한다. 이번에는 배 안의 선원들이 던진 제비가 요나를 뽑았다. 문제의 핵심이 요나에게 걸려있다는 것이 공개되는 순간이다. 순간마다, 집요하게 목을 조이며 진행되는 장면마다 야훼 하나님의 집요한 추궁을 피할 수가 없었으리라. 선원들이 집요한 질문이 이어진다. “이 재앙이 누구 때문에 우리에게 임하였는가 말하라 네 생업이 무엇이며 네가 어디서 왔으며 네 나라가 어디며 어느 민족에 속하였느냐?”(8절) 요나의 답변이 궁금하다. 그런데 답변을 듣기에 앞서 첫 번째 질문은 아주 인상적이다. “이 재앙이 누구 때문에 우리에게 임하였는가 말하라”고 묻는 것은 아직도 요나를 재앙의 주범이라고 단정하지 않고 있다는 것이다. 비록 제비가 떨어졌다고는 하지만 당사자의 고백을 듣기까지 섣부른 판정을 유보하겠다는 신중함이 배어 있다. 소문만을 근거로 생사람 잡고 ‘아니면 그만’이라는 식의 비윤리적인 여론몰이와 몰상식한 인격살인이 비일비재한 오늘날에 배워야 할 자세이다. 생업을 묻는 질문은 예언자적 사명과 연관되어 있다. 어디서 왔는지를 묻는 것은 니느웨 길의 정반대로 가는 요나의 실존을 지적한다. 네 나라('네 땅,' **아르체카**)를 묻는 것은 예언자가 마땅히 머물러 있어야 할 땅, 즉 생존 근거지를 밝힐 것을 요구한다. 어느 민족인지를 묻는 것은 어떤 신을 믿는지 그 신앙 내력과 관계있다. 캐묻는 질문들마다 이야기의 흐름에 중요하다. 그 질문들에 정확하게 대답만 해준다면, 그 대답을 통하여 공개적인 자리에서 신앙지성인이요 진리의 수호자로 자처하는 요나의 실존적 자아를 회복할 수도 있지 않을까?

유감스럽게도 요나는 모든 질문에 성실하게 답변하지 않는다.(국회의 대정부 질의와 답변이 거의 늘 그렇듯이) 몇 가지 질문은 대충 얼버무리고, 뭉뚱그려서 짧고 유창하게 한 문장으로 만들었다. "나는 히브리 사람이요 바다와 육지를 지으신 하늘의 하나님 야훼를 경외하는 자로라." 덧붙이기를 자기는 야훼의 얼굴을 피하는 중이란다(9-10절). 이 말의 어조가 어떠했는지 참으로 궁금하다. 자랑스레 말했을까? 내뱉듯이 말했을까?

사실을 접한 이방선원들이 놀란 이유는 그가 섬기는 신이 위대해서라기보다 신을 거역하는 행위가 엄청난 파국을 불러일으켰다고 단정했기 때문이다. 더욱 유감스러운 것은 그가 이제껏 보여준 삶의 자취가 야훼 하나님 경외하고는 전혀 거리가 멀었다는 사실이다. 육지를 포함하여 바다까지 지으신 야훼 하나님을 믿는다고? 그런데도 저는 육지에서 바다로 도망을 쳐? 참으로 표리부동하기 짝이 없다. 이런 천연덕스런 답변을 들으면, 얼른 오늘날의 다수 기독교인들이 떠오른다.

유창한 신앙고백이 의무 짓는 삶이 어떤 것인지 알고 있는지…. 아양 떠는 소리(lip service)는 사양하오며, 부디 삶이나 똑바로 고쳐먹고, 올곧게 살기나 하소서.

바다는 다시 흉용해지고 선원들은 배의 구원을 위한 길을 요나에게 묻는다. 위기의 순간, 해법은 신앙지성인에게 있다는 것을 긍정한다. 신앙인은 역사 속에 발생한 위기의 원인이자 동시에 해결자다. 요나는 자신을 바다에 던지라고 주문한다(**바하틸루니**, 12절). 혹시라도 이 말에 감동하지 않아야 한다. 그것은 요나의 이타적 희생에서 우러나온 해법이 아니기 때문이다. 죽기를 택하는 요나의 내면세계는 이미 바다의 흉용함을 방불케 한다. 하나님의 얼굴을 피하여 바다로 도망했고 뱃전에 불어 닥치는 큰 바람과 큰 폭풍을 피하여 배 밑층으로 피하였으나 그곳까지 찾아온 선장의 음성에 깜짝 놀란 그다. 제비를 뽑아도 자신이 주목되고 자기를 구하려고 육지로 배를 돌리려는 시도까지 무위로 돌아간 지금, 그의 내면은 혼돈 그 자체이다. 어디로 가야 하나님을 피할 수 있다는 말인가? 무엇을 해야 하는가? 어디서부터 사태가 잘못되었는가? 온갖 질문이 꼬리에 꼬리를 물고 괴롭히는 그의 심정은 차라리 폭풍이 몰아치는 바다와 방불하다. 본래 바다에 대한 성서적인 개념은 혼돈을 상징한다. 창조는 이 혼돈의 바다로부터 질서의 세계를 구축하는 하나님의 역사를 일컫는다. 혼돈은 죽음과 짝하고 질서는 생명과 짝한다. 바다로 도망간 요나는 자신이 속한 질서의 세계를 거부한 셈이다. 아무리 생각해 보아도 신앙지성인이요 진리의 수호자라 자처하는 요나는 모순덩어리요 불합리의 화신이다. 모순된 인간의 본질을 적나라하게 게시한다. 혼돈의 바다 한 가운데 요나의 혼돈이 자리한다. 혼돈의 바다는 곧 요나의 혼돈이다.

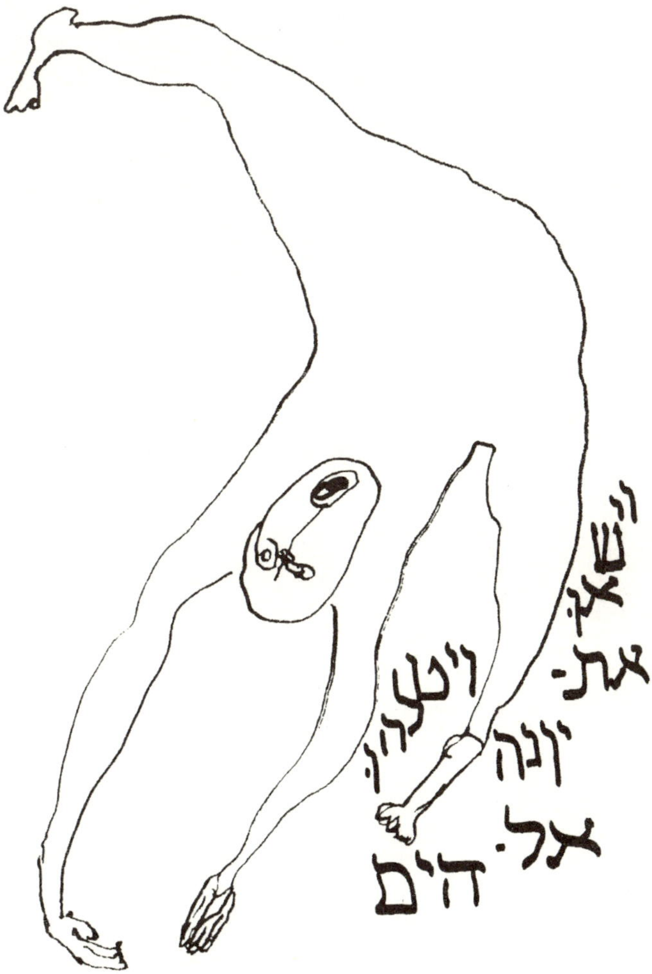

(그 사람들이) 요나를 바다에 던지매….

2. 던짐의 패러독스와 참다운 신앙

- 요나서 1장 11-16절 -

파도의 높이, 위기의 높이

바다가 점점 흉용해지고 있다. 하나님의 손길을 피부로 느낄 만큼 가깝다. 요나의 태도나 답변 모두 하나님 앞에서 시원치 않은 것이 틀림없다. 위기가 고조되고 있다. 파도가 높아지는 만큼 요나의 마음도 파산하기 직전이다. 바야흐로 자연의 힘이 인간들의 목숨을 뒤덮어버릴 찰라다. 죽느냐 사느냐의 갈림길이 눈앞에 벌어지고 있다. 이럴 때면 사람들은 으레 살고자 하는 인간본성이 강렬히 드러나는 법이다. 신앙인이든 이방인이든 여기에 누구라도 예외가 있겠는가? 위기가 고조될 때 나타나는 인간성. 아마 그것이 그 사람의 본질일 것이다. 사태의 주도권이 돌연 선원들에게 주어짐을 보라.

선원들은 요나보다 먼저 말을 건다. 어떻게 해야 바다가 잔잔하겠는가?(11절) 요나는 여전히 수동적이다. 그들이 보기에 바다의 문제는 요나의 문제와 직결되어 있다. 요나를 해결해야 바다의 풍랑을 해결할 것 같은 판단이 선 모양이다. 드디어, 요나가 입을 연다. 자기를 바다에 던지라고 주문한다. 그러면 잔잔해질 거란다(12절). 참으로 대단한 결단이다. 이렇게 희생적일 데가 어디 있는가? 그러나 이 답변을 자기 목숨을 끊어서라도 선원들을 구하려는 이타적 순교로 보아야 하는가? 또 그의 언사를 한 사람의 목숨이라도 구원하려는 선교 지향적인 것으로 볼 수 있는가? 아니다. 그는 앞서 9절에서 자신의 신분과 출신과 신앙을 밝히면서도 자신이 믿는 야훼 하나님을 피하여 도망하는 중이라고 밝힌 바가 있다. 그런데 그의 도피를 거시적 관점에서 선교 사역을 하는 것이라고 말할 수 있는가? 그렇게 선원들의 목숨을 구하려는 애틋한 마음이 있었다면 풍랑이 몰아쳐 위기에 처한 배를 보고 어떻게 잠을 잔단 말인가?

요나의 포기, 선원의 끈기

요나는 자포자기하고 있다. 아무리 도망을 쳐봐도 하나님의 얼굴을 피하기란 불가능했음을 실감한 것이다. 하나님을 피할 수 있는 유일한 길은 죽는 일 외에는 없다. 죽어 음부에 내려간 자는 야훼 하나님을 찬양할 수 없다. “죽은 자들은 여호와를 찬양하지 못하나니 적막한 데로 내려가는 자들은 아무도 찬양하지 못하리로다"(시 115:17).

그런데 의외의 일이 벌어진다. 선원들은 힘써 노를 저어 배를 육지로 돌리고자 하기 때문이다. 왜 요나의 제안을 무시하는가? 왜 요나를 바다에 던지지 않는가? 왜 배를 돌려 육지에 대려고 하는가? 이 위기의 순간에… 위기의 순간에 보여준 선원의 땀을 곰곰이 생각해보자. 이들은 사람의 목숨을 소중히 여긴다. 풍랑을 잠재우려고 바다에 사람의 목숨을 제물로 바치는 야만인도 무뢰한도 아니다. 요나는 쉽게 생명을 포기하지만 선원들은 생명을 구하려는 끈기를 보여준다. 요나의 제안보다 선원의 노젓기가 그렇게 아름다울 수가 없다. 생명을 소중히 여기는 일이 가장 아름답다. 누구든지 그렇게 생명을 소중히 여긴다면 그는 아름다운 피조물이다. 태초에 하나님이 인간을 만드셨다. 새로운 생명체를 보시고 이 세상 모든 것보다 가장 아름답게 여기셨다. 생명을 소중히 여기는 것은 창조주 하나님의 마음을 닮음이다. 여기에 인종의 차이나 남녀의 차이나 언어의 차별이나 그 어떤 차이가 있을 수 없다. 우리 모두에게 생명을 소중히 여기는 끈기가 필요하다. 자기 생명을 가벼이 여기는 요나 같은 태도는 하나님의 나라와 아예 거리가 멀다.

던짐의 패러독스

요나가 도망하자 야훼는 분기탱천하여 바다를 향해하는 요나의 배를 향해 **대풍**을 **내던졌**다(4절). 그러자 선원들은 배를 가볍게 하려고 **뱃짐**을 바다에 **내던졌다**(5절). 일련의 과정 후 사태의 범인으로 지목된 요나는 결국 스스로를 바다에 던져 죽기를 선택하였다(12절). 선원들은 이를 즉시 받아들이지 않고 배를 육지로 돌리려 했다. 수포로 돌아간 끝에 어쩔 수 없이 선원들은 **요나를** 바다에 **내던졌**다(15절). 요나를 색출하려는 야훼의 내던짐은 일련의 내던지는 행위로 이어지고 궁극적으로 목적을 이룬다. 야훼는 역사의 한 끝에서 파장을 일으키시고 그 반대편에서 결실을 거두시는 것 같다. 하나님은 바다로 내던져진 요나를 물고기를 명하여 받으셨다. 요나는 죽기를 선택하였으나 그 목적을 이루지 못한다. 반면에 선원들은 뱃짐(학켈림)을 던져 배를 가볍게 하려는 본래의 목적을 성취한다. 요나라는 짐 덩어리를 던져 배를 가볍게 한 결과 바다는 잔잔해졌고 배가 안정을 되찾았기 때문이다. 야훼, 요나, 선원들 중에서 원하는 바를 성취하지 못한 자는 오직 요나다.

요나는 짐짝처럼 다루어졌다. 예언자들이 야훼 하나님으로부터 받은 신탁의 말씀을 보통 "짐, 부담, 경고(맛사)"라고 표현한다(참고, 사 13:1; 15:1; 17:1; 19:1; 슥 12:1; 말 1:1). 그 말씀을 전하지 않을 경우, "마음이 불붙는 것 같고 골수에 사무쳐서 답답하여 견디기 어려운"(렘 20:9) 경험을 할 정도이다. 애당초 니느웨로 가서 말씀을 전하라는 부담(맛사)은 요나의 삶을 뒤바꾸어 놓았다. 그 짐을 덜어야 발걸음도 가벼운 삶을 살 텐데 요나는 그 짐을 수행하여 덜어버리기는커녕 아예 그것을 피하여 도망을 시도했다. 결과는 아이러니컬하게도 요나 자신이 바로 역사와 공동체적 운명에 걸림돌이 되어 일종의 짐짝으로 뒤바뀌었다는 사실이다. 문제를 해결해야 할 사람이 문제덩어리가 되고 만 것이다. 결국에 그는 짐짝처럼 바다에 던져지고 만다. 그럼에도 불구하고 죽음을 택해서라도 자신의 짐을 제거하려는 요나의 계획은 끝내 무산된다. 오직 야훼 하나님의 뜻만이 이루어진다. 그가 허락하는 삶만이 지상에 머물 수 있다.

실패 후에 얻은 참다운 신앙

사람들은 항상 수고한다. 좋은 뜻으로 최선을 다하고 결과가 좋을 때 삶의 보람을 느낀다. 반대로 좋은 목표를 가지고 열심히 수고했는데 뜻을 이루지 못한다면 하늘을 원망하기 쉽다. 하나님을 원망하는 일이란 구약성서의 오경 이야기에서 하나님이 가장 싫어하는 태도 중 하나다. 출애굽한 이스라엘 백성들은 광야에서 먹을 물과 음식이 모자라고, 먹고 싶은 고기를 마음껏 먹을 수 없게 되자 하나님을 원망하였다. 구원받은 감격이란 봄눈 녹듯 사라졌다. 인내하노라면 더 좋은 땅에 도착하게 되리라는 희망도 내팽개쳤다. 눈앞의 필요와 욕심을 채우지 못하여 원망과 불평의 불길에 마음을 맡겼다. 선원들도 배를 저어 요나를 육지로 돌려보내려는 숭고한 뜻을 이루지 못했다. 좋은 일 한번 해보려고 하는데 되는 일이 없다고 한 마디 내뱉을 만하다. 하지만 인간의 한계를 깨달았을까? 최선의 노력을 다 기울인 뒤에 돌아오는 결과를 순전한 마음으로 승복하는 자세가 아름답다. 그래서 애굽에서 구원받은 이스라엘 백성들에 비해서 이방인 선원들의 태도는 너무 모범적이다. 그들의 마음과 생각은 야훼 중심적이다.

그들이 이제 야훼께 부르짖는다. 모든 행위의 원인과 결과가 다 야훼로 말미암음을 고백한다. "야훼여 구하고 구하오니 이 사람의 생명 때문에 우리를 멸망시키지 마옵소서 무죄한 피를 우리에게 돌리지 마옵소서 주 야훼께서는 주의 뜻대로 행하심이니이다"(14절). 이 기도문에 중요한 사실이 들어있다. 생명의 죽고 살림이 야훼에게 있다는 점. 자기들의 행위는 결코 무죄한 사람의 피를 흘리려는 의도가 전혀 없으며 결백하다는 점. 야훼는 절대 주권자이며, 그 뜻을 이루실 것을 알고 있다는 점 등이다. 마지막 고백은 예수님의 주기도문을 연상시킨다. 오직 아버지의 뜻이 이루어질 것을 믿습니다…. 게다가 그들은 야훼를 크게 두려워하고 제물을 드리며 서원을 하였다(16절). 두려움이란 경외함을 뜻하고, 제물을 드리는 행위는 예배를 의미하며, 서원을 하는 것은 헌신자의 태도이다. 하나님을 경외하고 예배하며 헌신하는 자들. 가장 신앙적이고, 기성 신학과 교리에 가장 근접하여 행동하는 사람들은 바로 이방선원들이다. 요나가 아니고…. 이 역설적 사태를 어떻게 해야 하는가? 믿는 자는 가장 불신자답고, 불신자라고 여긴 이들은 가장 신앙인답다. 불신앙인을 무턱대고 칭찬하려는 것을 아닐 것이다. 신앙인이든 불신앙이든 교리적 가르침에 따라 선과 악으로 나누는 이분법적 사고를 하기에 앞서 더욱 중요한 것은 사람이 어떻게 사느냐가 중요함을 교훈한다. 우리는 어떻게 살고 있는가? 신앙인답게 살고 있는가? 아니면 불신앙인처럼 살고 있는가?

끝으로 하나만 묻자. 신앙 생활한다는 것은 도대체 무슨 말인가? 누구를 믿는다고 자랑하는 일을 신앙이라고 말할 수 있는가? 고백이나 신조문을 줄줄 외우는 일인가? 예배에 정기적으로 참여하고 교회의 요구를 불평없이 따르는 일인가? 다른 많은 가능한 대답이 있을 것이다. 요나서 1장에서 선원들이 보여준 대로, 진정으로 생명을 소중히 여기고 공동체를 위해 성실하게 단합하는 삶의 자세를 토대 삼아 한 마디만 말하고 싶다. 하나님 신앙이란 진정한 의미에서 참다운 인간이 되는 일이다. 인간이 사는 이유와 목적을 깨닫고 그에 발맞추어 사는 인간 말이다. 창조주 하나님의 모습을 닮은 사람으로 살아가는 것. 그것이 구원받은 신앙인의 모습이다. 한국교회가 그런 신앙을 회복하고, 살 맛나는 사회를 주도적으로 만들어 가는 그런 시절이 왔으면 좋겠다.

하나님의 관심사

요나의 이야기 첫 마당이 이렇게 끝난다. 주인공이 요나라서 요나서라고 이름 하였을 것 같은데 정작 이 첫 장에서 주인공으로 드러난 사람들은 선원들이 아닌가 싶다. 야훼 신앙 공동체의 지도자급 인물인 요나가 아니라 이름 없는 이방 선원들에게서 신앙의 진수를 배우기 때문이다. 아름다운 인간미를 발견하는 것도 요나가 아니라 선원들이다. 요나가 주인공인 것 같은데 요나는 자기 문제에 골몰해서 이 세상 돌아가는데 정신을 돌릴 겨를이 없다. 하나님과 씨름하느라, 세상사는 맛을 잃은 사람이 요나다. 요나의 모습이 어쩌면 그렇게 오늘 한국의 교회와 흡사한지…. 목회자 세습, 교회 재산권 분할, 교리 논쟁, 대형 교회 건축, 증축, 주차장 건축, 기도원이나 지교회 설립, 교단 내 파벌 싸움 등등 교회 내부의 문제에 골머리를 앓다보니 세상 돌아가는데 신경을 쓸 겨를이 없다.

그러면서도 우리 신앙인은 세상 돌아가는 이야기를 언제나 우리의 관점에서 풀어간다. 그래서 아집이 강하고 소견이 비좁다는 핀잔도 듣는다. 그런데도 우리는 여전히 다른 이들의 처지에 무감각하다. 우리 신앙인이 이 세상에 남아 있는 이유가 무엇인가? 우리를 하나님께서 돌보시는 까닭은 어디에 있는가? 하나님은 이 세상 전부를 원하신다. 우리는 그 세상의 일부이다. 우리가 이미 그의 소유라면 나머지 소유되지 못한 사람들은 누구이겠는가? 하나님의 관심은 이제 우리가 아니라 저들임을 알아야 한다. 하나님이 목표삼아 일하시는 세상의 주인공, 초미의 관심사는 저들 불신앙인들이다. 우리는 그 일의 도구일 뿐이다. 우리 일에 골몰하느라 저들을 보지 못하면 1장의 이야기처럼 언제 거친 파도와 위험한 풍랑이 일어나 우리와 저들, 아니 우리 때문에 저들의 목숨까지도 희생당하게 만들지 모른다. ✝

여호와께서 그 물고기에게 말씀하시매 요나를 육지에 토하니라

3. 뒤집혀진 현실, 가상현실 그리고 현실

- 요나서 2장 1-10절 -

뒤집혀진 현실, 가상현실

네토피아(netopia). 인터넷 천국이란 말이다. 우리는 인터넷 속에서 현실과 가상현실(virtual reality)이 교묘하게 공존하는 세상을 산다. 때로 그것은 뒤집혀진 현실(subverted reality)로 다가오기도 한다. 요나서 2장을 읽으면 뒤엉킨 현실이 등장한다. 요나의 기도문을 읽노라면 현실과 가상현실 사이의 구분이 흐려진다. 무엇이 가상현실이고 무엇이 참된 현실인지를 가닥 잡기가 어렵다. 요나는 스스로 현실을 혼동한 채 가상현실 속에서 숨쉰다. 당사자가 그 모양이니 독자도 이에서 크게 벗어나기 어렵다.

교회 역시 요나 같은 가상현실 속에서 몰두하고 있지 않은가 싶다. 참된 현실이 요구하는 신앙적 결단의 드넓은 세계가 아니라, 교리가 구성해 놓은 가상현실의 세계에 안주한다. 깊은 성찰이 필요한 요즘이다. 과거사 규명과 청산이 새 역사의 발걸음을 내딛게 해줄 것이라는 목소리가 높다. 100년 조금 지난 한국교회사의 흐름도 제대로 간파해야, 교회가 지금의 뒤집혀진 현실과 가상현실에서 벗어나 참된 현실 앞에서 서서 올바르게 결단하고 나아갈 수 있으리라. 요나에게 뒤집혀진 현실은 그의 과거를 정확하게 규명할 때 바로잡을 수 있다.

심판의 대행자, 물고기

바다에 던져진 요나를 큰 물고기가 덥석 삼켰다(**리블로아**). 하나님이 예비하신 물고기였다. 요나는 그 안에서 3일 밤낮을 지냈다(1:17). 그곳에서 하나님께 드린 기도가 끝날 무렵 물고기는 요나를 느닷없이 육지로 토해냈다(**바이야케**, 2:10). 타이밍도 절묘하다. 역시 하나님이 명령하신 일이었다. 간단한 스토리다. 그런데 수수께끼가 있다. 이 스토리에서 요나는 구원을 받은 것일까? 심판을 받은 것일까? 대개는 구원을 받은 것이라고 생각한다. 하긴 바다에 가라앉아 죽지 않았으니 구원받은 것이라고 해도 무방할 것이다. 그런데도 이 질문을 수수께끼라고 부르는 데는 그만한 이유가 있다.

1장 마지막 단락으로 가보자. 요나가 바다에 짐짝처럼 내던져진 까닭이 어디에 있었는가? 이방 선원이 강행했던가? 아니다. 오히려 그들은 요나를 육지로 되돌려 보려고 애쓰지 않았던가?(1:13) 요나는 자신을 바다에 던지면 잔잔해 질 것이며 현재의 폭풍이 자기 때문임을 역설하지 않았던 가?(1:12) 그렇다. 바다에 던져져 죽기를 소원했던 사람은 바로 요나 자신이었다. 그렇다면 물고기가 그를 삼킨 것은 그의 선택이 뜻대로 이루어지지 않았음을 의미한다. 그렇다면, 그의 소망이 어그러진 이 상황을 구원이라고 부를 수 있는가? 구원인지 심판인지, 혼란스런 현실이 펼쳐진다.

등장인물을 각각 살펴보아도 스토리는 구원보다 심판을 말한다. 우선, 하나님 편에서 살펴보자. 요나를 바다에서 구원해 내고 싶었다면 구태여 물에 빠지기를 기다리기보다 육지로 배가 방향을 돌렸을 때 포구에 안전히 도달하도록 도와주셨어야 한다. 그런데 바다의 흉용으로 귀항은 수포로 돌아갔다. 요나는 어떤가? 바다에 빠져 죽기를 바랐던 사람이 자신이었다. 만일 그가 죽어버렸다면 이야기는 그것으로 끝날 것이다. 그가 추구하는 현실이 죽음이었기에 그렇다. 그런데 사태가 그렇게 간단하지 않았다. 죽기를 바랐지만 죽지 못했다. 뜻이 이루어지지 않았으니 불행한 것 아닌가? 그러니, 구원받음을 기뻐하기보다, 여전히 하나님 앞에서 사명자의 운명을 피하는 고통을 감내해야 한다. 마지막으로 물고기를 보자. 물고기가 먹이를 삼켰다가 며칠 후 토해냈다. 먹었다가 토했다면 삼킨 먹이가 안에서 소화가 안된 것이리라. '삼키다'(*발라*)란 히브리어 동사는 구약성서에서 한 번도 구원의 의미로 사용된 적이 없다. 심판의 의미로만 사용하는 동사이다. 모세는 바다 한 가운데까지 뒤쫓아 오는 이집트 군대를 땅이 삼켰다고 노래한다(출 15:12). 광야에서 모세를

대적하던 레위 자손들 250명을 땅이 삼킨 사건도 있다(민 19:30). 모두 삼킴의 심판을 받은 것이다. 또 '토하다'란 히브리어 동사는 모두 부정적이며 경멸의 의미로 사용된다. 땅은 더러운 거민을 토해낸다(레 18:28). 토해진 음식은 쓸모가 없다(잠 23:8). 악인의 부요함도 결국에는 토함을 당할 것이다(욥 20:15). 또, 라오디게아 교회는 미지근하면 토함을 당할 것이라는 경고를 듣는다(계 3:16). 모두 징벌과 심판의 토함을 의미한다. 물고기는 죽음으로 사명을 끝까지 거부하려는 요나를 심판하기 위하여 삼킨다. 그런 그가 뱃속에서 희희낙락하며 무위자연을 즐기는 꼬락서니에 물고기는 더 이상 참을 수 없어 토해버린다. 심판을 당한 것이다. 그래서 물고기는 하나님의 심판의 대행자이다.

성경에서 어떤 선지자는 당나귀에게 경고를 듣기도 하고, 물고기에게 심판을 받는다. 선지자가 진리를 선포하지 않으면, 이방인이라도 사용할 것이다. 이것저것도 안되면 돌멩이들이 구르면서 진리를 외치는 사태까지 발생할 것이다. 선지자라고 자처하는 존재가 얼마나 사태 파악을 못했으면, 아니, 얼마나 할 일을 다 하지 못했으면 이런 우스꽝스런 일이 벌어질까? 그 한심한 세태가 남의 스토리가 아니라 우리의 이야기가 아닌지…. 두려움이 앞선다.

슈창한 기도, 뒤집혀진 현실

물고기 뱃속에서 요나가 드디어 입을 열었다. 1장 내내 하나님이 그토록 학수고대했던 대화가 시작될 모양이다. 기도는 서두에 시편의 삼분의 이를 차지하는 탄식시(psalm of lamentation) 형태로 시작했다. 탄식시란 기도자가 환란이나 역경, 치명적인 질병, 핍박 등의 위기에 처했을 때 경건한 사람들이 하나님에게 구원을 요청하는 애절한 기도 양식을 일컫는다. 듣고 보니까 기도가 청산유수다. 2절은 시 120:1과 18:6, 3절은 시 42:7, 69:2와 88:7, 4절은 시 31:22, 5-6절은 시 18:5, 30:3와 103:4, 7절은 시 142:3, 143:4와 18:6, 8절은 시 31:6과 비슷한 어투이다. 마지막의 9절은 감사시(psalm of thanksgiving) 형태로 마무리되는데 이 역시 시 116:17-18과 50:14와 흡사하다. 기도의 끝은 "구원은 야훼께로서 말미암나이다"로 절정에 달한다. 여하튼 구구절절 빠지지 않고 수많은 시편의 구절들을 인용하는 기도를 듣노라면 한층 더 권위가 있고 힘이 있어 보인다. 어떻게 이토록 많은 기도문을 유창하게 이용할 수 있는지 그저 놀라울 따름이다. 긴 세월 성전에서 보낸 그의 지나온 과거가 이토록 멋있는(!) 기도를 가능하게 해주었으리라. 하지만 기도문이 멋있다고 삶도 멋있으리라고 착각하면 곤란하다. 어떤 기도든지 언제 어떤 상황에서 기도한 것인지를 바로 알아야 그의 내면을 제대로 평가할 수 있다. 이 기도는 적어도 1장에서 보여준 그의 행적을 바탕으로 읽어야 한다. 과거사가 올바로 평가되어야 현재와 미래를 판단할 수 있다는 말이다.

요나의 기도를 들어보면 그가 처음부터 끝까지 뒤집혀진 현실 속에서 생각하고 있음을 발견한다. 자신이 고난을 받고 있다고 생각하고 그 고통을 야훼께 기도했단다(2절). 도대체 그 고난의 원인이 누구였다는 말인가? 자기가 이 모든 사태의 원인이 아니었던가? 이어서 하나님이 자기를 깊음 속 바다 가운데 던지셨다고 말한다(3절). 그랬던가? 요나를 바다에 던지셨던 분이 하나님이라고? 자기가 자청하고 배와 요나를 구하려던 이방선원들이 최후의 방도로 선택해서 벌어진 일이 아니었던가? 자신이 하나님의 목전에서 쫓겨났다는데(4절), 실은 쫓겨난 것이 아니라, 하나님 면전에서 도망치지 않았던가? 그의 머릿속에 들어 있는 과거는 통째로 뒤집혀있다. 과거사의 실상은 이렇다. 요나가 먼저 하나님으로부터 도망쳤고, 그로 말미암아 고난스런 뱃길 여행이 시작되었으며, 결국에 가서 바다에 빠져 죽을 결심을 한 장본인이 자기였다. 그런데 하나님이 자기를 쫓아냈고, 그래서 고난을 당했고, 그래서 바다에 던졌다고? 그런데 그 고난 중에 구원을 위해 다시 하나님에게 기도했다고? 아마 바닷물 속에 빠져 바다의 심연으로 가라앉는 중에 아마 목구멍에 물이 차고 호흡이 어려워지니까, 목숨을 구해달라고 기도했는지도 모른다. 여하간 예상치 못했는데 기도의 응답을 받아, 지금 물고기 뱃속에 살아서 숨 쉴 수 있게 된 마당에, 이제 와서 무슨 뚱딴지같은 소리인가? 자기는 잘못이 없다는 태도다.

바다에 던져진 이후, 요나는 물이 목에 차고 머리에는 해초들이 감기면서 온 몸이 바닷물 아래 잠기기 시작하여 얼마 후에는 아마 바다의 밑바닥에 닿았던 모양이다.

> 물이 나를 영혼까지 둘렀사오며 깊음이 나를 에워싸고 바다풀이 내 머리를 감쌌나이다. 내가 산의 뿌리까지 내려갔사오

> 며 땅이 그 빗장으로 나를 오래도록 막았사오나(5-6a절).

어느 순간 그는 물고기에게 먹혔고 고기 뱃속에서 의식을 되찾았던 모양이다. 의식을 되찾고 보니, 자기가 되살아나자 기고만장해진다.

> 내가 말하기를 내가 주의 목전에서 쫓겨났을지라도 다시 주의 성전을 바라보겠다 하였나이다(4절). … 내 영혼이 내 속에서 피곤할 때에 내가 야훼를 생각하였더니 내 기도가 주께 이르렀사오며 주의 성전에 미쳤나이다(7절).

숨이 끊기기 직전, 평소 연마해둔 경건의 훈련이 내면으로부터 즉각 성전을 향하여 드리는 간절한 기도를 자아냈고, 바로 그 기도 속에 담긴 "야훼에 대한 생각"이 자기를 구원으로 이끌었다는 요지다.

가만히 들어보면 요나가 하나님께 구원받은 것을 감사하는 기도인지 자기의 경건을 자랑하고 있는지 알쏭달쏭하게 만든다. 아무래도 자기 자랑이 강한 것 같다. 야훼의 구원을 말하는 대목보다 자기가 한 일에 대한 설명이 길게 이어지고 있기 때문이다. 아마도 그것이 요나의 진면목일 것이다. 1장 내내 얼마나 고집스러운 사람이었는가? 그런 그가 갑자기 달라질 리 만무하다. 사람의 본바탕은 은혜의 유무와 관계없이 남아 있는 법이다. 그러고 보니, 잘못된 것은 궁극적으로 야훼 하나님 탓이고, 잘된 것은 궁극적으로 자기의 경건 탓이라는 식이다. 주체와 객체의 역할이 전도되어 있다.

악역은 하나님이고, 자기는 의로운 고난이라도 당한 것처럼 말한다. 기대했던 회개는 온데간데없다. 그에게 현실은 뒤집혀있다. 뒤집혀진 현실 속에서 주객이 전도되고, 주종의 가치가 도치되어 있다.

신학과 예배의 효용성?

4절과 7절의 기도문에 나타난 요나의 내면은 매우 성전 중심적이다. 그의 고정관념은 야훼 하나님이 성전에 계시다는 것이다. 그래서 위기의 순간에 성전을 바라보았단다. 성전이 자리한 곳은 전통적으로 예루살렘이다. 성전중심의 신학이 그에게 구원을 가져왔다고 믿고 있는 요나다. 정말 그런가?

잠시, 요나의 뒤집혀진 현실에서 벗어나 보자. 요나서를 통틀어 요나의 구원은 어떻게 이루어져야 했는가? 또, 애당초 요나의 환란은 어디서 시작했는가? 사명을 거부하므로 환난이 초래된 것이 아니었던가? 그의 위기와 구원에 결정적인 것이 사명이다. 사명수행 여부에 상관없이 느닷없이 성전이니 신학이니 무슨 뚱딴지같은 말을 하는 것인가? 그런데도 요나는 위기의 한 가운데서 교리와 신학을 자랑하고 그것에 의존한다. 회개와 반성? 어림도 없는 기대치이다. 그리고 그 성전중심의 신학과 교리를 고수한 결과로 자기의 구원이 임했다고 고백한다. 그는 지금 구원받은 것인가? 고기 뱃속에 머무는 것이 구원인가? 아니다. 고기 뱃속에서 그는 야훼의 심판을 받고 있는 중이다. 그것도 모른 채 호흡이 지속된다고 그것을 구원이라고 기뻐하다니…. 고기 뱃속은

음부요 **스올**이다. 신학과 교리를 고수한 것이 그를 구원한 것은 분명 아니다.

뒤집혀진 현실 속에서 요나가 착각한 또 한 가지가 있다. 예배가 구원을 가져다준다고 믿고 있다는 사실이다. 그는 "주의 성전을 바라본다"(4절), 야훼를 "생각한다"(7절), 그리고 기도했다(2절, 7절). 바라보고, 생각하고, 기도하는 일이 예배 행위를 구성한다. 예배를 드렸기에 구원을 가져온 것으로 믿은 셈이다. 여전히 결론은 이와 다르다. 신학이나 교리, 예배나 경건은 구원의 조건이 아니다. 그것은 구원의 결과이다. 한마디로, 사명을 이루는 삶만이 구원을 유지할 수 있다.

가상현실 속의 성전, 물고기 뱃속

요나가 지금 머물러 있는 곳은 물리적으로 물고기 뱃속이다. 그는 이 장소를 구원의 안전지대로 이해한다. 요나가 전에도 이런 장소를 추구했다는 의혹이 있다. 사명을 저버린 요나를 집요하게 추적하는 하나님의 옥죄임을 피하여 그는 "배 밑층으로"(**야르케데 핫세피나**) 내려간 적(1:4)이 있다. "배"를 의미하는 히브리어 **핫세피나**는 성전이 위치한 "북방"을 표시하는 단어인 **핫싸폰**의 말놀이(paronomasia)처럼 들린다. 요나는 한 곳에 머물고 싶어 한다. 그곳이 바로 성전이다.

그러나, 요나를 요나 되게 한 사건은 니느웨로 가서 외치라는 하나님의 명령이었다. 이와 반대로 그는 성전에만 안주하고 그 곳을 떠나고 싶어 하지 않는다. 그래서 그토록 그는 하나님이 계시한 자기의 운명을 본격적으로 저항하였을까?

신에게 항거하는 여정의 기록이 1장의 스토리였다면, 여기 2장은 아무 일도 일어나지 않는 물고기 뱃속의 체류를 즐거워하는 요나의 심사를 그리고 있다. 다시 그는 사명과 동떨어진 채 안주할 수 있는 장소를 발견한 셈이다. 물고기 뱃속이 그의 성전이다.

다시 전통적인 예배문을 늘어놓는다.

> 나는 감사하는 목소리로 주께 제사를 드리며 나의 서원을 주께 갚겠나이다 구원은 야훼께 속하였나이다(9절).

그는 얼마나 제사를 좋아하는지…. 서원을 갚겠다고? 부름 받은 자가 마땅히 할 일은 분부 받은 일을 순종하는 일일텐데…. 그가 앞으로는 할 일을 하겠다고 결심하는 것인가?

그러나, 기억하자. 하나님은 물고기를 통하여 요나를 심판하고 계시다. 신앙인에게는 사명 없는 곳이 바로 음부이다. 고기 뱃속은 천국이 아니라 음부이다. 그런 그곳을 그는 "다시 사망이 없고 애통하는 것이나 곡하는 것이나 아픈 것이 다시 있지"(계 21:4) 않는 천국으로 여긴다. 그러니, 할렐루야가 나올 수밖에.

요나에게 고기 뱃속은 가상현실(virtual reality)이다. 거듭, 요나에게 현실은 뒤집혀 있다. 자신이 평소 그리던 곳을 가상현실 속에서 즐긴다. 그가 비현실 속에 머무는 동안, 세상 도시의 악독은 하늘에 메아리치고 세계의 구원은 요원해진다는 사실에 전혀 아랑곳하지 않는다. 그의 관심사는 오직 하나. 자신의 편안한 머묾 자체이다.

그가 고기 뱃속에서 자기의 즐거움을 발산하는 순간, 바깥에서는 세상 구원에 목말라하는 하나님의 인내가 폭발한다. 활화산처럼 분출되는 야훼 하나님의 분노가 물고기의 토함으로 나타난다. 다시 심판하신다. 요나 스토리의 역설과 패러디가 극치에 달하여, 급기야 진리를 분출하는 순간이다.

교회 안에서 드리는 아름다운 찬양, 은혜로운 설교, 친근한 교우들 사이의 교제…. 혹시나 뒤집혀진 현실은 아닐까? 교회 안에 평안한 머묾은 물고기 뱃속 같은 가상현실이 아닐까? 정작 중차대한 사명은 외면한 채, 성전에만 안주하는 신앙공동체에게 야훼 하나님은 혹시 심판을 준비하고 계시지는 않을까?

헤세드를 버린 자, 헤세드가 필요한 자

기도의 마지막에 야훼 하나님의 구원행위를 극찬하기 직전, 요나가 남긴 기도 한 마디가 흥미롭다.

> 거짓되고 헛된 것을 숭상하는 모든 자는 자기에게 베푸신 은혜(**헤세드**)를 버렸사오나(8절).

은혜, **헤세드**란 변함없는 사랑, 계약적 사랑, 배신을 능가하는 사랑 등으로 풀이되는 야훼 하나님의 핵심적인 성품으로서 하나님과 동일시되어도 무방한 말이다. 그렇게 보면 이 구절은 우상을 섬기는 자는 하나님을 저버리는 자라는 말로 풀이된다. 다른 이들을 탓하고 있는 요나다. 뉘우침은 없고,

여전히 자기 신앙을 자랑한다. 그런데 이제껏 진행된 요나서의 이야기 속에서 **헤세드**를 저버리고 있는 자가 누구였는가? 야훼 하나님 아닌 다른 신을 섬기는 이방선원인가? 한갓 미물인 물고기인가? 인격 없는 바람과 바다인가?

이방선원은 민족과 종교의 차이를 떠나서 배에 승선한 공동체의 구원을 위해 온갖 노력을 경주했다. 물질적 부요함보다 사람의 목숨을 소중히 여겼기에, 풍랑을 만나자 뱃짐을 모두 바다에 던졌다(1:5). 문제의 발단인 요나를 육지로 돌려보내기 위해 노를 저었다(1:13). 어쩔 수 없이 요나를 바다에 던질 때에도 자신들의 결백을 고백하며 야훼의 뜻이 이루어지기를 선언하였다(1:14). 이렇게 생명을 중시하는 태도가 진실로 야훼를 경외하는 일이 아니겠는가? 이방인은 **헤세드**를 소중히 여기는데 비해, 정말로 **헤세드**를 저버리고 있는 자는 요나 이외에 아무도 없다. 사돈이 남 말하는 격이다.

요나는 현재 세계의 흐름에 무관심하다. 자기 딴에는 하나님을 피하고, 하나님과 정의를 논하며 맞서고 있는 중이라고 변명할지 모르겠다. 그는 주변세계의 변화에 무서우리만치 냉담하다. 도대체 그의 관심사는 어디에 있단 말인가. 아무리 바쁘고 힘들고 어려워도 사람이 죽어간다면, 사람의 목숨에 관한 일이라면, 그 일이 우선 아니겠는가? 선한 사마리아인의 비유가 생각난다. 레위인과 제사장은 강도 만난 사람을 외면하고 지나가는데, 사마리아인은 그를 정성껏 돌본다는 예수님의 비유 말이다. 생명을 중시해야 할 야훼 하나님 신앙인이 오히려 생명의 소멸과 악독의 창궐을 좌시한다.

헤세드를 버린 자는 요나다. 남을 탓하기 전에 자기를 검토해야지 않겠는가. 자기 검토가 없는 자, 다름 아닌 요나다. 바로 신앙인이 **헤세드**를 저버린다. 역설 중의 역설이다. 아니 기독교 역사 최대의 스캔들이다. 그러나, 하필 요나만 탓할 일이 아니다. 인류 역사상 최초의 살인 사건이 하나님을 예배하던 형제 사이에서 벌어지지 않았는가? 하나님에게 수확을 감사해야 할 추수감사절에 감사는커녕 형제에 대한 미움, 질투, 편견이 가득하여 급기야 살인을 하게 되었으니….

참되게 사는 길은 어디에 있는가? 하나님의 **헤세드**를 실행하며 사는 길이다. 뒤집혀진 현실 속에 공허한 말을 내뱉으면서 사는 길? 가상현실 속에 안주하여 하나님에게 즐거운 찬미를 드리며 사는 길? 모두 아니다. 말은 없어도, 말은 안 해도, 손과 발로 움직여 묵묵히 이 땅위의 생명을 건져내기를 실천하며 사는 길이다. 이런 **헤세드**의 실천이 요구되는 자는 다른 사람이 아니라, 바로 우리 그리스도인이다.

이 세계의 변화를 위해서 제일 먼저 개혁되어야 할 대상자 일 번은 바로 신앙지성인 요나로 상징되는 교회의 지도자들이다. 지도자들이 바뀌지 않으면 세상은 바뀌지 않는다. 그들의 변화가 세계 변화의 관건이다. 그들이 변화하기까지 세상의 악독은 하늘에 메아리칠 것이고, 세상의 생명들은 참된 구원을 갈망하며, 창궐하는 악독은 아무도 막지 못할 것이다. 그리고 야훼 하나님의 통치를 불신한 채, 아쉬움과 안타까움 속에서 영원히 사라져 갈 것이다. 요나가 지금 몰입해 있는 뒤집혀진 현실과 가상현실에서 벗어나 참된 현실로 복

귀할 수 있었으면 하는 우리의 안타까움은 야훼 하나님의 그것과 다르지 않다.

요나가 여호와의 말씀대로 일어나서 니느웨로 가니라

4. 회개의 미학, 불평의 신학 그리고 합당한 길

- 요나서 3:1-4:4 -

두 번째 기회

다시 야훼의 말씀이 떨어졌다(3:1-2). 두 번째 기회가 주어진 것이다. 역사는 되풀이된다. 구약성서를 수놓은 사건들 역시 반복되는 경향이 있다. 창조기사는 두 번 전해진다(창 1장과 2장). 출애굽은 홍해 건너기로, 광야탈출은 요단강 건너기를 통해 완결된다. 십계명을 기록한 첫 번째 돌 판은 우상숭배 때문에 깨어졌고 새로 깎은 돌 판에 두 번째로 기록된다. 율법 수여는 처음에 시내 산에서 그리고 다시 모압 평지에서 두 번째로 선포된다. 다윗 왕조는 처음 실수로 유배를 당하지만, 다시 돌아올 기회가 주어진다. 약속의 땅으로 돌아가는 희망은 애굽 땅의 히브리 노예만의 것이 아니라, 바벨론에

사로잡혀간 유다 백성들의 희망이기도 하다. 언약도 옛 언약과 새 언약이 존재하며, 주의 오심에도 초림이 있고 재림이 있다. 그것이 성서적이다. 위기는 상존하고, 실패의 예감은 뚜렷함에도 불구하고, 재차 기회를 주심으로 일구어질 새로운 역사 또한 기대할만하다.

집요한 하나님

한번 실패를 경험한 사람에게 두 번째 기회를 주시는 하나님은 집요한 분이다. 거룩한 뜻을 이루기 위한 열심이 꺼지지 않으시는 분이다. 그렇게 이 세상을 섭리하셨고 앞으로도 그렇게 하실 분이다. 아니, 단순한 집요함에 머물지 않고 무엇인가 더 이루어내시려는 역사가 있으리라. 그것은 당장 니느웨에 가득한 악의 문제이기도 하고, 또 하나님의 예언자 요나에게서 나타날 악의 문제이기도 하다. 하나님이 처리해야 할 악은 신앙공동체 밖과 안에 가득하다. 그래서 하나님은 여전히 일하신다(요 5:17).

달라진 요나, 달라지지 않은 요나

야훼 하나님의 명령은 지난번(1:2)과 똑같다. “일어나” 니느웨로 “가서” 말씀을 “선포하라.” 이번에는 요나가 아무 반대 없이 일어나 니느웨로 간다. 드디어 말씀에 순종한다. 얼마나 반가운가…. 바야흐로 요나의 예언자적 사역이 시작되었다. 세상에 새로운 역사의 물꼬가 열린 것이다. 1장과 2장에 걸친 그의 도피 행각과 물고기 뱃속에서 보여준 방임적 태도는 더 이상 이어지지 않는다. 아무리 피해도 피할 장소도 피할 방도도 없음을 깨달았기 때문일까…. 속내는 어떤지 몰라도 순종하는 것을 보면 이제야 안심이 된다. 하지만 그의 왜곡되고 꼬인 속내가 다 해소되었는지는 더 두고 볼 일이다.

아니나 다를까. 삼일 동안 돌아다니며 외쳐야 할 길을 그는 단 하루에 끝낸다. 무슨 의미인가? 하기 싫은 일을 억지로 했다는 표시인가, 아니면, 삼일 작업을 하루에 효과적으로 마쳤다는 뜻인가? 하지만 어쩔 수 없이 하는 것이요, 정말 하고 싶어서 하는 일이 아닌 것처럼 보인다. 그가 즐기는 일은 성전에서 머물면서 세상사에 아랑곳하지 않고 그저 안일하게 그곳에 계신 하나님께 드리는 예배를 즐기는 일이었다(2장). 물고기 뱃속을 마치 성전인양 착각하기까지 했으니 어련하겠는가. 성전 안주형 신앙 양태는 앞으로도 나타날 것이다. 니느웨 성이 사면을 받고 난 후 성 동편으로 나아가 그는 성전의 축소판인 초막을 지을 것이다.

그의 선포에는 예언자의 어법에 으레 등장하는 전령자 문체(messenger formula), "야훼가(혹은 하나님이) 말씀하시기를"이란 어구가 빠져 있다. 속내를 알 수 없다. "사십 일이 지나면 니느웨가 무너지리라"(**오드 아바림 욤 웨니느웨 네[흐]파켓**)고 외쳤다. 이런 내용의 예언양식을 심판신탁(oracle of judgment)이라고 부른다. 8세기 이래 문서 예언자들의 공통점이 심판신탁이었다. 이런 종류의 신탁은 대개 심판의 불가피성, 회개하면 혹시라도 구원받을지도 모른다는 일말의 가능성조차 완전히 차단하는 극단적 확신을 표명한다.

요나가 추호라도 그들의 구원을 기대하는 마음이 있었다면 자신의 신탁을 듣고 니느웨 사람들이 전격적으로 회개하므로 하나님이 재앙을 내리지 않게 된 것을 그토록 싫어하여 죽기를 자청할 까닭이 없었으리라(4:1-3). 순종한다 싶어서 기뻐했는데 여전히 웅크린 자세로 하나님에게 자기주장을 강요하고 있는 그와 만날 것이다. 달라진 줄 알았는데 여전히 달라지지 않은 존재를 볼 것이다. 외양은 주는 척 하고 마음마저 몽땅 주지 못한 요나. 여전히 변화할 영역이 많은 요나가 어쩌면 그렇게 한국교회를 쏙 빼어 닮았는지….

니느웨와 이스라엘의 차이

그의 선포를 들은 니느웨 백성의 응답이 아주 신속하다. 그 이유가 의아스럽다. 니느웨 사람들이 요나란 사람이 하는 말을 얼마나 신뢰할 수 있었을까? 그가 물고기 뱃속에서도 살아났다는 내력이 벌써 먼 땅 이 곳 니느웨 성까지 소문이 났을까? 아니면 그가 선포한 말씀이 너무도 충격적인 내용이라서 그랬을까? 이 문제에 골몰했던 고대의 번역자들은 이 "사십일"을 "사흘"로 읽은 적도 있다. "사흘 이내"란 말이 가져올 즉각성과 충격이라면 그런 반응을 이해할만하다는 것이리라.

순간 머리를 스치고 지나가는 상념이 있다. 이런 파괴적인 심판 신탁이라면 이스라엘 백성들도 역사를 통틀어 숱하게 접한 바 있다. 그럴 때마다 이스라엘은 백성이 위정자들과 합세하여 이런 유언비어(!)를 퍼뜨린 장본인들에게 극단적인 적개심을 품고 그들이 퍼뜨리는 진실을 억누르기 위해 수단방법을 가리지 않았었다. 아모스는 북왕국의 종교중심지인 벧엘에서 왕국의 멸망을 예언하다가 제사장 아마샤로부터 유다로 도망가는 것이 좋으리라는 협박과 함께 배척을 받았다(암 7:12-13). 미가도 남유다의 수도 예루살렘의 멸망을 예고했으니(미 3:12), 어떤 역경에 처했는지 짐작할만하다. 예레미야 역시 민족과 나라의 멸망을 예언한다는 이유로 왕실의 권력자들에게 체포되어 실컷 매를 맞고 옥에 갇히기도 했다(렘 26:8-9; 37:15). 예수님도 예외가 아니었다.

하나님의 선민 이스라엘이 보여준 이런 부정적 태도와 니느웨 백성은 얼마나 다른가! 그들은 오히려 "하나님을 믿고 금식을 선포하고 무론 대소하고 굵은 베를 입었다."(5절) 선택받은 백성과 이방인에 대한 공공연한 차별의식이란 도대체 무엇에 유익한가. 도리어 이방인에게서 본받을 점이 더 많지 않은가. 야훼 하나님이 인간 세상에 기대하시는 것은 바로 이런 태도가 아닐까? 심판의 위협 앞에 그것을 거짓이며 왜곡이라고 부정하기보다, 그럴 만한 일이 있는지를 스스로를 돌이켜보고 잘못이 있다면 정직하게 시인하고 개혁하는 자세 말이다. 얼마 전 공영방송에서 개신교가 한국 사회 내에 남긴 영욕의 자취를 더듬으며 현재의 개신교회는 더 이상 개개인의 욕망을 성취하는 자리가 아니라, 희망을 주는 곳이어야 한다는 요지의 내용을 방영한 적이 있다. 그런데 일부 개신교 신자들은 방송국 앞에 집회를 갖고 대형교회를 탄압하는 그런 방송을 중지하라는 반대의 기도소리를 높인 적이 있다. 온 국민 앞에 교회의 허물을 공개하지 말라는 무언의 압력을 집단이 표시한 것이다. 지금의 한국 개신교회가 니느웨 백성들 수준의 감수성과 겸허함을 갖추고 있다면 좋을 텐데…. 종교개혁의 후예인 개신교회의 명제가 무엇이던가. 스스로를 끊임없이 개혁하고 개선할 것이라는 기치가 아니던가. 한국 교회의 오늘은 밖으로 진리를 선포하기에 앞서 자체적인 회개와 반성, 그리고 개선의 노력을 기울여야 할 계절이 온 것 같다.

니느웨 백성에게 누가 하나님을 믿고 금식하며 회개하라고 가르쳐 주었는지, 또, 그렇게 하면 하나님의 진노가 누그러질 것이라고 어떻게 알게 되었는지는 모른다. 그러나 겸허한 회개의 길만이 임박한 신의 심판 앞에 선 사람들이 취할 수 있는 유일하고 가장 효과적인 방안이었음이 분명하다.

모범적인 지도자

니느웨 왕은 백성들이 예언자의 선포를 듣고 큰 자나 작은 자가 다함께 금식하며 굵은 베옷을 입는 회개에 돌입했다는 소식을 전해 들었다. 그런 그가 보인 반응이 참으로 놀랍다. 그는 보좌에서 일어나, 조복을 벗고 굵은 베를 입고 잿더미 위에 내려앉았다(6절). 히브리어 원문에서 그의 동작을 묘사하는 동사는 모두 단절형 악센트가 붙어 있다. 그의 동작 하나 하나를 주목해서 읽으라는 표시이다. 그는 왕의 코드, 즉, 통치의 자리, 통치자의 의상, 권위와 위엄을 모두 버렸다. 그가 삶의 코드를 이렇게 바꾼 모습이란 스스로 죽어 마땅함, 아니, 이미 죽었음을 시인하는 의식을 상징한다. 왕이 이렇게 스스로를 낮추는 태도도 놀랍거니와, 그가 백성과 나라의 운명에 대하여 이토록 신속하게 반응하는 자세는 더더욱 귀감이 될 만하다.

위정자란 대개 자기의 지위와 권세를 유지하는데 몰두하기 마련이다. 같은 땅 위에 살면서도 그의 세계관과 백성의 세계관은 천양지차이다. 같은 하늘 아래에서, 왕과 백성은 사는 목적도, 방식도, 이유도 다르다. 그래서 백성들의 안위와 행복을 왕이 언급할 때 그것은 대개 정치적 구호와 통치의 연장을 도모하기 위한 미사여구에 불과한 경우가 허다하다. 그런 군주가 백성들의 처지로부터 무엇인가를 배우고, 그런 백성들의 처지에 공감하며 백성처럼 똑같이 낮아진 마음으로 신 앞에 회개하는 결단을 내리는 일은 유사 이래 찾아보기 힘든 의로운(!) 일이다. 사실, 백성이 없으면 군주도 없다. 그럼에도 불구하고 이스라엘의 군주시대에서는 도무지 찾아보기 힘든 군주의 미덕을 여기 악독하기로 유명한 니느웨 왕에게서 보게 된다!

왕의 뒤집어짐은 여론을 의식하여 유연하게 대처하는 교활한 정치인의 모습도, 일순간의 감정적 제스처도 아니다. 왕이 대신들과 함께 의논한 후 내린 조서(**타암**)가 그 증거이다.

> 사람이나 짐승이나 소 떼나 양 떼나 아무것도 입에 대지 말지니 곧 먹지도 말 것이요 물도 마시지 말 것이며 사람이든지 짐승이든지 다 굵은 베 옷을 입을 것이요 힘써 하나님께

> 부르짖을 것이며 각기 악한 길과 손으로 행한 강포에서 떠날 것이라 하나님이 뜻을 돌이키시고 그 진노를 그치사 우리가 멸망하지 않게 하시리라 그렇지 않을 줄을 누가 알겠느냐 한지라(3:7-9).

입에 대지 말라(**알 이트암무**), 먹지도 말라(**알 이르우**), 물도 마시지 말라(**알이쉬투**). 철저한 금식이다. 굵은 베 옷을 입고 하나님에게 부르짖으라고 말한다. 1장에서 배의 선장이 요나에게 하던 말과 똑같다(1:6). 그러나 이번에는 "힘써" 부르짖어야 한다. 악한 행습(길)과 손으로 행한 강포에서 떠나라고 선포한다. 즉 회개하라는 조서이다. 같은 마음을 품고, 각자가 말과 행위로 저지른 잘못을 뉘우치며 돌아서서 하나님에게 용서를 구하자는 취지다. 회개는 이렇게 안과 밖으로 철저하게 이루어져야 한다. 먹지 않고 스스로를 괴롭게 함은 이미 징벌 받고 있음의 연출이다. 굵은 베옷을 입음은 죽음이 이미 몸에 임했음을 상징적으로 드러낸다. 동시에 생활 습관과 일상적 행위로 저질렀던 악(**라아**)에서 돌아서라고 천명한다. 동물들까지 포함하여 생명을 지닌 인간사회 구성원 전체의 대대적인 회개의 선언이다. 그런 회개의 결과도 결국에는 하나님의 결단에 따라 인정되기도 하고 인정되지 않기도 한다.

회개의 미학

요나의 선포에 사용한 "무너지리라"는 동사는 "파괴되다"란 뜻 외에 "뒤집히다, 바꾸다, 변하다, 돌이키다"란 여러 가지 뜻을 표현하는 히브리어 <**하파크**>의 수동형으로 쓰였다. 그래서 처음부터 니느웨의 무너짐이란 표현은 니느웨의 물리적 파괴 외에도 뒤집어짐, 돌이킴, 그리고 변화와 상통하는 뜻을 품고 있다. 요나가 어떤 의미를 염두에 두고 선포했든지 관계없이, 이어서 전개되는 사건은 물리적 파괴가 아닌 다른 의미들을 염두에 두고 펼쳐진다.

우선 니느웨 백성들이 자기네 삶의 코드를 뒤집어서 변화시켰다. 결국 무너진 셈이다. 이어서 왕이 자기 삶의 코드를 바꾸었다. 그는 자리를 바꾸어 땅에 내려앉았고 옷을 갈아입었다. 왕도 뒤집혔고, 달라졌으며, 무너진 것이다. 이렇게 볼 때, 무너짐이란 요나서의 언어 세계에서 회개와 상통한다. 무너짐, 뒤집힘은 회개와 다르지 않다. 즉, 백성들과 왕은 회개, 즉, 돌이킴이요, 바뀜이며, 뒤집어졌다(**하파크**). 요나의 예언은 이런 식으로 적중했다! 그런데, 회개했다고 그것이 곧장 하나님의 용서로 귀착될지는 두고 보아야 한다. 인간사회의 뒤집어짐, 돌이킴, 변화는 아직도 기다려야 할 것이 있다. 그것은 야훼 하나님의 뒤집어짐, 돌이킴, 변화이다.

이어서 니느웨 왕은 "하나님이 뜻을 돌이키시고 그 진노를 그치사 우리가 멸망하지 않게 하시리라 그렇지 않을 줄을 누가 알겠느냐"(9절)는 말로 간절하고도 순수한 희망까지 첨언한다. 1장에서 배의 선장 역시 이 희망을 "혹시"라는 말로 표명한 적이 있다. "혹시"와 "누가 알겠느냐"란 말은 불확실한 가능성을 예기한다. 그 실낱같은 가능성 속에 하나님의 호의를 기대하는 왕의 자세는 인간으로 할 수 있는 최소한의 것이지만, 재앙으로 표출되는 하나님의 악을 최대한으로 물리치고, 그리하여 악 대신에 생명을 극대화하도록 이끈다. 인간 사회의 뒤집어짐과 그들이 보여준 지극히 적은 희망이 하나님의 전격적인 마음의 변화, 즉, 회심을 초래해야 한다. 그래서 그것은 급기야 니느웨를 비롯한 세상의 아름다움을 구축할 것이다. 니느웨는 회개와 동시에 희망했다. 그리고 그 희망과 회개는 하나님의 마음을 뒤집었다. 니느웨가 악을 스스로 제거하고 기다리자 니느웨를 향해 계획되었던 재앙, 즉 악을 하나님은 취소했다. 하나님이 무너진 것이다. 이렇게 회개와 희망은 신의 세계로부터 세상에 임할 악과 인간 세계에서 인간에 의해 창궐하게 된 악을 청소한다. 오직 머물러 있는 것은 야훼 하나님의 뜻이 이 땅에 이루어진 아름다운 세상이다. 이것이 회개의 미학이다. 회개의 미학은 궁극적으로 아름답고 소중한 생명을 보장하고 <**샬롬**>의 세계를 건설한다. 공평과 정의, 그리고 평화의 세계, 곧 하나님의 나라가 니느웨에 밝아왔다.

불평의 신학

예언자의 단말마적 외침은 엄청난 결과를 불러일으켰다. 니느웨 백성들의 악이 무너지고, 왕이 무너졌으며, 급기야 하나님의 악도 무너지게 만들었다. 그의 예언은 성공적이면서도 실패작이었다. 니느웨의 입장에서 보자면, 그의 예언은 인간과 신이 다함께 회심할 여지를 제공한다. 하나님의 입장에서 보면, 니느웨 사람들의 회개는 하나님의 악을 무너지도록 만들어 구원을 창출한다.

그러나, 요나의 입장에서 보면, 이 구원 사건은 그의 신탁에 대한 신뢰도에 지울 수 없는 손상을 입힌다. 무너질 것이라고 예언했으면 정말 성읍이 파괴되어야 그 예언은 참 예언이 된다. 그렇지 못한 예언은 거짓 예언으로 전락한다. 요나의 짧은 소견에 니느웨의 보존은 자기 예언의 거짓됨을 반증하는 증거로 우뚝 선다. 그러므로 니느웨에 하나님의 나라가 임했건만 기뻐하기는커녕 요나는 불평과 불만이다. 스스로 인정할 수 없는 현실이 도래했기 때문이다. 여기서 다시 자기 세계에 골몰하는 요나를 본다. 거부하고 도피하다가, 순응한 예언자. 그런데 결과는 고작 거짓 예언자로 낙인찍힐 위기에 몰린 예언자.

이런 사태의 반전, 뒤집힘, 무너짐이 그의 분노를 자극하였다. 요나의 마음에 인 바람은 어느새 광풍으로 바뀌어 있다(4:1). 이것은 세상에 가득한 악의 문제가 해결되고 평화를 실컷 누릴 즈음에, 일어난 뜻밖의 사건이었다. 새로운 악(**라아**), 요나의 악이 고개를 든 것이다. 요나는 니느웨의 멸망을 돌이킨 하나님이 영 못마땅하다. 하나님의 정의가 실현되지 않았음에 대해서도 마음이 불편하다. 이것이 바로 요나가 처음부터 하나님의 사명을 거부한 이유였다고 불평한다(4:2).

신학이 세상의 문제를 해결하기 위해 하나님에 관해 깊이 있는 성찰을 시도하는 학문적 작업이라고 정의한다면 그 신학의 주제가 이제는 세상이 아니라 바로 자기 자신이어야 한다. 불평의 신학은 신학을 하는 주체자의 문제를 방관한 까닭에 생성된다. 마치 교회가 세상의 문제와 악을 해소하고 희망을 주기 위해 존재한다고 선전하면서도, 정작 교회 자체의 문제와 악에는 신학적으로 정리가 되지 못한 꼴이다. 요나의 불평은 하나님 앞에서 예언자 자신의 악과 문제를 해부한다. 한 걸음 더 나아가, 자기 신학을 기초로 살아 계신 하나님과 논쟁을 벌인다. 신학이 우위인가 하나님이 우위인가. 하나님이 신학에 복종해야 하는가. 신학이 하나님에게 복종해야 하는가. 스스로를 검토하지 않고 밖으로 외쳐지는 신학이란 선포의 가치조차 없다. 자기를 제외한 신학이란 다만 또 하나의 악일뿐이다. 문제의 근원은 언제나 사고의 주체에게 있다. 선포자를 제외한 신학. 교회 내부 문제에 소경이 된 신학. 교회 안에 소리 없이 울려 퍼지고 있는 온갖 불평과 악에 귀 막고 마비된 채 이론적으로 떠벌리는 신학. 바야흐로 그런 신학과 신앙은 무엇에 우선적인 가치를 두고 있어야 하는지를 배워야 한다. 여기서 불평의 신학을 치료하는 작업이 이어진다. 하나님의 끈기 있고 용감한 열린 대화가 그 치료를 완수할 것이다. 신학과 신앙 공동체가 선택할 길이 여기에 있다. 종교개혁의 정신을 되돌아보는 계절이다. 이 하나님의 길에 동참하자.

합당한가?

새로운 이슈이다. 하나님과 세상이 화해하는 마당에, 정작 화해할 이유조차 존재하지 않았던 사이, 즉 예언자와 하나님의 관계가 불편해졌다. 거룩한 사역을 위한 양자의 일치는 곧장 반목과 갈등으로 발전하였다. 물론 그 갈등과 대립은 예언자가 이의를 제기하는 동안만 머물 것이다. 요나는 하나님 앞에 불평을 토로하는 합당한 이유가 있다고 외고집이다. 여기에 하나님이 우선 대화로 맞선다. 야훼 하나님은 요나에게 그렇게 화를 내는 것이 합당한지(**하헤테브 하라 라크**)를 묻는다(4:4). 그러나 정의가 이루어지지 않았다고 불평하는 예언자에게 왜 정당한 근거가 없겠는가? 그러나 한 가지 물어보자. 정의(justice). 정당성(legitimacy). 그것만이 하나님을 하나님 되게끔 하는 것일까? 세상의 악은 창궐하고 정의는 긴 가뭄 상태이므로 정의에 대한 목마름이 이렇게 간절한 것이 당연할 수 있다. 하지만 하나님을 하나님 되도록 만드는 요인이란 결코 정의만으로 가능하지 않다.

아니, 달리 생각해 보자. 인간이 하나님에게 신성한 정의를 요구하여도, 그 정의를 시행하거나 시행하지 않거나, 최종 결정권은 하나님에게 있지 않은가? 다시 말해서 인간의 예상과 기대, 그리고 믿음에도 불구하고 여전히 하나님은 인간의 요구와 조건에 초월하여 자유롭다. 하나님의 자유! 이것을 인정해야 한다. 더구나 하나님의 그 자유가 정의보다 더 높은 가치를 위해 사용된다면 오히려 이것을 더 선택하는 것은 당연한 일이 아니겠는가! 오히려 그것을 더 감사해야 한다. 요나는 하나님의 정의로운 판단이 반드시 이루어질 것을 절대적으로 기대했던 것이 분명하다. 그러기에, 니느웨에 재앙이 임하지 않은 현실 앞에 실망하고 분통을 터뜨리는 것이리라. 이런 요나의 분노를 가상한 분노라고 칭찬할지도 모른다. 하지만 더 높은 가치에 좁은 소견을 넓히지 못한 것이 흠이다.

하나님의 크신 긍휼과 인내 때문에 거룩한 정의는 빛을 잃은 것이고 그렇기 때문에 이 세상의 악은 사라지지 않고 상존할 수밖에 없지 않은가 하는 주장이다. 이번에는 요나가 하나님을 질책하는 분위기다. 정의가 이루어지기는커녕, 무한정으로 베풀어지는 용서와 관대한 사랑만 남아 있는 세상을 요나는 용납하지 못한다.

그러나 무엇이 합당한 것인가? 정의를 위해 생명을 소멸시키는 행위란 언제나 합당한 일인가? 생명들이 악의 자리에서 돌이킨다면 그것을 보호해주는 것이 정의로운 일이 아니겠는가? 정의는 생명을 위해 작용할 때 정의답다. 야훼 하나님이 요나에게 "합당성" 여부를 묻는 이유가 여기에 있다. 정의와 긍휼 사이에 생기는 스캔들에 이 질문은 제격이다. 우리는 이렇게 물어야 한다. 정의로운 행동은 생명을 위해 합당한가?(**하헤테브 체덱 라하이임** הַהֵיטֵב צֶדֶק לְחַיִּים).

사는 것보다 죽는 것이 내게 나음이니다

5. '아낌'의 신학과 시지푸스적 요나 극복하기

- 요나서 4:5-11 -

분노의 기도

요나서 1장에서 하나님은 요나에게 '팽'당했다. 분노한 하나님은 바다에 큰바람을 내던졌다. 배가 박살날 정도로 큰바람이었다. 요나를 통하여 이루려던 거룩한 하나님의 대의가 성취되지 않아서였다. 여기 요나서 4장에는 정반대의 상황이 벌어진다. 이번에는 요나의 대의가 하나님을 통하여 성취되지 않았다. 요나는 하나님에게 '팽' 당했다고 느꼈다. 그래서 분노한다. 급기야 자기 목숨을 포기하겠다('내던지겠다')는 기도로 야훼 하나님에게 대항한다. 그런데 과연 그 분노의 기도가 하나님의 결정을 뒤집어놓을 수 있을까? 사건의 전개를 주시하면서 한 가지 변함없는 사실을 발견할 수 있다.

그것은 요나가 이제껏 뒤바뀌지 않았듯이 하나님도 뒤바뀌지 않는다는 사실이다.

분노 중에 드린 기도 전반부(2a)는 세 가지 내용으로 이루어져 있다. 첫째, 야훼를 꾸지람한다. "내가 고국에 있을 때 이러하겠다고 말하지 아니하였나이까." 둘째, 자기 행위를 정당화한다. "그러므로, 내가 빨리 다시스로 도망하였사오니." 셋째, 이상의 두 가지 요인으로 인해 자기가 도망을 가게 되었노라고 해설한다. 여기까지는 기도라고 볼 수 없다. 그것은 기도라기보다 과거의 자기 행적이 정당했음을 천명(!)하는 것이다. 분노의 기도는 피조물의 위치조차 망각케 한다. 기도가 꾸지람을 동반한 선언문이라니….

더 들어보자. 기도는 2절 후반부에서 요나의 하나님 지식(God-knowledge)을 열거한다. "주께서는 은혜로우시며 자비로우시며 노하기를 더디 하시며 인애가 크시사 뜻을 돌이켜 재앙을 내리지 아니하시는 하나님이신 줄을 내가 알았음이니이다." 그야말로 성경 곳곳에서 접할 수 있는 전통적인 신앙고백이다(출 34:5-6; 민 14:18; 신 7:8-10; 대하 30:9; 느 9:17, 31; 시 86:5, 15, 103:8, 111:4, 112:4, 145:8; 욜 2:13; 욘 1:3). 그가 성경에 박식한 지성적 신앙지도자란 사실은 요나서 2장의 기도문에서 이미 확인한 바 있다. 그때도 그는 이처럼 유식과 유창을 과시한 적이 있었다. 그러나 그는 바다에서 벌어졌던 현실을 주체와 객체, 원인제공자와 결과 초래자를 뒤바꾸어 이해했으며, 물고기 뱃속의 체류를 심판이 아니라 성전이란 가상현실로 착각하였고, 그래서 잠시 누리는 안전과 평화의 구원을 구가하면서도 니느웨로 가야 하는 눈앞의 사명을 망각한 적이 있었다. 이곳의 기도에 나타난 요나의 주장과 지식은 2장의 것과 얼마나 달라졌을까 궁금하다. 하나님 지식도 중요하지만, 그 적용은 더욱 중요하다.

진리에 심각한 궤변

요나가 고백한 야훼 지식은 분명 성서적이고 하나도 틀린 데가 없다. 그런데 문제는 사건이 진행되던 처음부터 그가 이 지식을 자기 마음속에 줄곧 간직해 왔던 것인가 하는 것이다. 이렇게 물어볼 수 있다. 그는 하나님이 은혜로우시며 자비로우신 분이란 사실을 믿고 있었기에 폭풍 속에서 깨질 듯 요동치는 배 안에서도 결국 구원받으리라는 것을 확신하였다는 말인가? 그래서 그는 배의 밑층에 내려가서 그토록 깊은 잠을 잤다는 말인가? 자비로우신 하나님이 자기를 구원해 줄 줄 믿고 선원들에게 자신을 바다에 던지라고 요구했다는 말인가? 바다에 던져진 연후에도 하나님이 자신을 구원해줄 것이라고 믿었다는 말인가? 이런 하나님 지식에 근거해서 물고기 뱃속에서 감사의 노래를 불렀다는 말인가? 질문들을 요약하자면, 그가 이제껏 보여준 상식 밖의 행동들은 모두 이 하나님 지식을 근거로 이루어진 행동이었다는 말인가?

요나의 행동을 돌이켜보면 그가 내뱉은 이 고백적 지식은 도대체 신뢰가 가지 않는다. 그가 정말 그런 생각을 했기 때문에 도망갔다고 생각하기 어렵다. 니느웨 성의 구원을 목도한 요나가 분노 중에 내뱉은 이 지식과 이제껏 보여준 그 행동

사이에는 전혀 상관이 없다. 지금 요나는 이 지식을 이용하여 자기의 기대감과 입장을 변호하고 자기의 바램과 달리 행동하신 하나님을 꾸지람하고 있을 뿐이다. 인간이 경험한 진리가 지금 그 진리의 원천이신 하나님을 비난하는데 쓰이고 있다. 진리에 입각한 논의가 궤변으로 전락하고 있는 순간이다.

장황하게 이어지는 요나의 꾸지람, 자기는 정당했다는 선언, 도망간 동기, 성경적 진리에 입각한 신학적 항변, 그리고 죽는 것이 낫다는 기도를 들으신 하나님이 대꾸하신다. 그런데 야훼의 대응은 의외다. 주장과 요구는 무성하지만 야훼 하나님의 관심사는 다른데 있기 때문이다. 하나님은 요나의 기도에 따라 그가 겪은 과거를 회상하지도, 그가 했던 말에 관한 기억을 더듬지도, 그가 소유한 신학적 지식의 옳고 그름도, 그의 죽여 달라는 간청의 정당성도 언급하지 않는다. 그것은 요나가 쏟아놓은 사안, 아니 궤변이 하나님 보시기에 그렇게 중요한 것이 아님을 의미한다. 야훼 하나님의 관심사는 요나가 터뜨리고 있는 분노 자체에 있다. 야훼는 요나의 질문에 답하거나, 그 어떤 다른 명령도 내리지 않는다. 다만 이렇게 물으신다. “네가 성내는 것이 옳으냐?”(4절)

과거의 역할

야훼의 질문에 대한 대답 대신, 요나는 성읍에서 나가 동쪽에(**케뎀**) 앉았다(5절). 히브리어로 동편은 “과거”를 뜻하는 말이기도 한다. 그래서 성읍 동쪽에 앉았다는 말이 예사롭지 않다. 1장부터 시작된 그의 내력을 보면 그는 항상 익숙했던 과거와 전통에 안주하려고 한다. 니느웨로 가라는 명령 앞에 그는 예전에 익숙했던 본국의 성전을 떠나기 싫어한다. 바다의 폭풍 때문에 바다 위로 던져진 그는 과거에 드렸던 성전 예배를 기억 속에 떠올리며 기도한다. 니느웨의 구원을 목도한 그는 또 과거와 전통적 신앙이 수립하였던 신학적 주장을 근거로 야훼 하나님을 꾸짖기까지 한다. 참으로 과거의 힘과 위력은 엄청나다. 과거의 경험에 근거한 신학은 하나님의 행동까지 재단하고 그 한계를 설정하려고 한다. 과거의 경험이 신앙인의 하나님 이해를 촉진시키는 것이 사실이다. 하지만 그것이 하나님 이해의 전부일 수는 없다. 그러므로 과거와 전통은 하나님 이해의 시작과 밑거름일 뿐, 현재와 미래에 경험할 하나님의 모습을 제어하는 잣대로 사용하는 데는 한계가 있다. 기초석은 신앙공동체가 장차 건축할 다양하고 아름다운 신앙의 건축물을 지탱할 수 있으면 족하다.

도사구팽의 악순환과 그 끝

요나는 니느웨 성 동쪽으로 나가 거기서 자기를 위하여 초막을 지었고, 그 그늘에 앉아 성읍에 장차 무슨 일이 일어나는가를 보려고 기다렸다(5절). 4절에 주어진 야훼 하나님의 질문을 염두에 둔다면 이 행동은 요나가 1장에서 보여주었던 모습 그대로를 다시 연출하는 것이다. 1장에서 니느웨로 가라는 명령을 거역하고 도망하던 모습이 기억에 선하다. 그 지난한 과거의 교훈은 무엇이었는가? 그것은 요나가 아무리 야훼 하나님 앞을 벗어나려고 애를 써도 결국에는 실패할 수밖에 없다는 사실을 가르쳐 주었다. 그런데, 그는 지금 그것을 아는지 모르는지 또 다시 옛 버릇대로 행동한다. 게다가 그는 야훼 하나님의 질문에 한 마디도 대꾸하지 않는다. 또 다시 야훼는 '팽' 당하는가? 토사구팽의 전설이 되풀이되고 있다. 일순간 대화가 단절된다. 그리고 요나와 야훼 사이는 멀어진다. 도성 밖으로 나가서 멀찌감치 앉은 요나를 생각해 보라. 그는 성읍 안에서 장차 무엇인가 벌어질 것을 기대하는 자세로 앉아 있다. 회개한 니느웨가 다시 예전의 악독함을 회복하여 준엄한 야훼의 심판이라도 받아서 아주 멸망하기를 기다리기라도 하듯이….

야훼의 질문("네가 성내는 것이 옳으냐?")에 요나는 딴청이다. 서로 관심사가 엇갈리는 순간이다. 4장에서 벌어진 사태를 정리해 보면, 요나의 기도에 먼저 하나님이 딴청을 부렸고, 다시 하나님이 질문하자 이번에는 요나가 딴청을 부린다. 딴청을 주고받는 정황이 문학적으로 익살스럽다. 하지만, 이제는 "딴청 작전들"이 상대방을 향하여 성취하려는 바가 무엇인지를 파악하는 것이 중요한 시점이다.

시지푸스적 요나

요나가 초막을 짓는 모습은 또 다른 의미의 세계로 이끈다. 그는 언제나 그늘을 제공하는 안락한 장소, 은신처를 선호해 왔다. 그가 본능처럼 짓는 이 초막과 초막 아래의 삶이 과연 그가 목표한 것을 달성하게 해줄지 그것이 의문일 따름이다. 그러나 이제까지는 전부 실패하였다. 그는 본국의 성전에 머물러 있을 수 없었고, 다시스로 가는 배의 밑층에서 광풍 속에 조여 오는 야훼 하나님의 손길과 음성을 피할 수도 없었으며, 편안한 휴식처로 여겼던 물고기 뱃속조차 그곳은 천국 같은 곳이 아니라 오히려 사명을 거부하는 자를 보내시는 음부요 심판장소인 것으로 드러났다. 그런 요나가 지금 다시 초막을 짓는다. 이 정도면 그것을 일종의 본능으로 보아도 무방하다. 머치아 엘리아데에 의하면, 집이나 거처의 건축은 개인적인 난공불락의 세계를 구축하는 것을 상징한다. 집이나 처소를 짓는 이 본능이 마치 그리스도인들이 모이면 언제나 예배당을 건축하고 더 크게 지으려는 모습과 닮았다. 그런데 문제는 그들이 언제나 바로 그 예배당 안에만 머물려고 한다는 사실이다. 모이면 반드시 흩어져야 하는 이치를 완전히 터득하지 못한 때문인가? 모임은 흩어짐을 준비하는 것이다. 흩어짐을 겨냥하지 않은 모임은 물리적 파괴를 통해서라도 반드시 흩어지게 될 것이다.

또, 요나는 멀찌감치 앉아서 그 성읍에 무슨 일이 벌어질지를 보고자 한다. 그의 정신세계는 이미 벌어진 과거사, 즉 하나님이 니느웨를 용서한 결단과 조치를 거부하는 모습이다. 그는 지금 니느웨 성읍이 구원받은 사실에 반대하는 시위를 벌이고 있다. 하나님의 조치에 저항하고 있다. 그러나 생각해 보자. 그가 저항해서 한번이라도 성공한 적이 있던가? 이제껏 하나님의 뜻에 거슬려 반대하고 그 일에 성공한 적 없는 요나의 항거가 마치 언덕 꼭대기에 올려놓으면 다시 굴러서 언덕 아래의 제자리로 굴러 떨어지는 돌을 또 다시 굴려서 올

려놓아야 하는 시지푸스처럼 보인다. 요나는 또 한 명의 시지푸스인가? 요나의 반복적이고 집요한 행위는 저주 아래에 있는 인간이 하나님 앞에 부리는 끝없는 만용에 불과하다.

요나의 이야기를 읽으면서 한편으로 이 성서 저자가 고대의 독자인 유대인들 앞에 요나를 신에게 끝없이 도전하는 인간 혼의 위대함을 찬미하려고 할 수도 있다는 생각을 해본다. 물론 그런 의도를 전혀 배제할 수는 없을 것이다. 하지만 이 보다 더욱 중요한 측면을 놓친다면 곤란하다. 그것은 외고집에, 습관성에, 건망증 증세까지 보이는 신앙지도자 요나를 결코 면전에서 내쫓거나 '토사구팽'하지 않는 야훼 하나님의 한없는 너그러움과 끝없이 열려있는 하나님을 바라보는 일이다. 바야흐로 이 너그럽고 열려있으며 사려 깊으신 야훼 하나님이 어떻게 요나의 입과 손과 발을 꽁꽁 묶으시는지, 그래서 하나님이 당신의 거룩한 의도를 요나가 더 이상 왜곡하지 않고 이전 보다 더욱 분명하게 그것을 간파하도록 만드시는지를 살펴볼 차례이다.

깨닫지 못했던 비밀

야훼 하나님은 5절에서 잠시 소원했던 관계를 청산하고 새로운 일을 준비하시고 진행하신다. 그리고 다시 대화를 시도하신다. 요나에게 '팽' 당하여 분노의 대추격전을 벌였던 1장과는 사뭇 다른 하나님이다. 토사구팽의 악순환은 하나님이 시도하는 열린 대화를 통하여 막을 내린다. 이번에는 요나가 자신에 대하여 전혀 깨닫지 못했던 비밀을 발견하도록 도우실 참이다.

6-11절은 야훼와 요나의 언쟁이 한층 가열되는 양상이다. 이 양상은 야훼의 예비하심과 요나의 기도(6-8절), 야훼와 요나의 대화(9절), 그리고 요나에게 묻는 야훼의 질문(10-11절)으로 이어진다.

a. 6절: 야훼의 예비(박넝쿨)→ 요나에게 그늘을 만들어 괴로움(라아)을 면케 함→ 심히 기뻐함
b. 7절: 야훼의 예비(벌레)→ 박넝쿨을 벌레가 갉아먹어 시듦 → 요나의 무반응
c. 8절: 야훼의 예비(해와 동풍)→ 요나가 혼미하여 죽기를 기도함
d. 10-11절: 야훼의 질문→ 요나는 박넝쿨을 아낌 vs. 야훼는 니느웨 주민과 육축 아낌

야훼 하나님은 모두 세 가지 사건을 마련하였다. 사건 보도는 제일 먼저 하나님의 예비하심으로 시작한다. 야훼는 박넝쿨, 벌레, 그리고 동풍을 예비하였다. 그 다음에는 이 예비하심의 효과를 묘사한다. 박넝쿨은 자라서 요나의 머리 위에 그늘을 만들었고, 벌레는 박넝쿨을 갉아먹어(공격하여, **나카**) 시들게 하였으며, 동풍에 힘입은 태양은 요나의 머리 위를 강렬하게 내리쬐었다(공격한다, **나카**). 첫째 사건에서 요나는 박넝쿨의 그늘을 크게 기뻐하다가, 세 번째 사건에서 내리쬐는 뜨거운 태양열에는 혼미하여 죽기를 자청한다. 기쁨의 천국에서 죽음의 지옥까지 경험하는 요나다. 박넝쿨 아래 만들

어진 시원한 그늘은 요나의 괴로움(악, **라아**)을 치유하려고 베푼 야훼 하나님의 긍휼의 표시이다. 결과적으로 큰 기쁨(**사마흐**)이 요나의 분노(악)를 제치고 자리 잡는다. 자기의 구원은 즐거워하고 쉽게 용납하지만, 남의 구원에는 엄격하다.

벌레는 삼키기도 하고 구원하기도 하는 이중적 기능을 하는 2장의 큰 물고기와 달리, 오직 파괴라는 부정적인 기능만을 수행하는 하나님의 도구이다. 그래도 벌레의 파괴 행위는 요나에게서 악을 제거하고 그가 궁극적으로 하나님의 새로운 교훈을 깨닫도록 하는데 중요한 기여를 한다.

요나서 전체를 두고 볼 때, 모든 등장인물들이 각기 죽음의 위협을 당하지만 실제로 죽음을 체험한 유일한 존재는 박넝쿨이다. 요나가 잠시 즐거워했던 박넝쿨의 그늘은 예루살렘 성전의 이미지로 자리잡고 있다. 하룻밤 사이에 말라버린 박넝쿨처럼, 예루살렘 성전은 주전 587년에 파괴되었다. 귀환한 유다인들이 주전 515년에 다시 건축한 성전도 장차 주후 70년에는 또 다시 파괴될 운명이었다. 생명의 도시요, 세계의 중심이라고 자랑하던 예루살렘 성전의 무너짐은 오늘날 역사의 뒤안길을 바라보는 우리에게는 그저 한 순간 잠시 머물다 사라지는 박넝쿨과 다를 바 없다. 기적과 신비한 이야기를 뿜어내는 법궤와 거룩한 성물조차 이제는 사라지고 없다. 그러므로 가시적인 건물로서의 웅장한 교회를 자랑할 이유가 없다. "하룻밤에 났다가 하룻밤에 말라 버려" 사라질 수 있는 박넝쿨에 불과하기 때문이다. 그러나 정작 참으로 위대한 것을 간과해서는 안 된다. 그것은 죽음의 도시 니느웨를 살리신 야훼 하나님의 긍휼하심과

거룩한 자유이다. 한국교회는 요나를 닮기보다 야훼 하나님을 닮아야 한다. 한국 교회는 파괴되므로 기억 속에서 사라질지도 모를 죽음의 도시를 다시 살려내는 거룩한 하나님의 행위에 성실하게 동참하는 순간순간을 자랑삼아야 한다.

요나 극복하기

요나가 또다시 분노한다. 박넝쿨의 그늘로 인해 사라졌던 분노는 벌레와 태양열의 공동작업 때문에 또다시 불타올랐다. 이에 야훼와 요나가 재차 격돌한다(9절). 하나님은 예의 질문을 또 다시 던진다. "성내는 것이 어찌 옳으냐?" 요나는 이제 "내가 성내어 죽기까지 할지라도 옳으니이다"고 대답한다. 대담하기 짝이 없는 요나다. 죽음을 불사하고 항거하니, 그 무엇이 자기 목숨을 걸고서라도 옳다고 항변하는 그를 자제시키겠는가? 누가 이 요나의 성깔을 상대할 수 있으랴. 과연 그것이 옳은지 그른지는 두고 볼 일이지만, 이 말을 마지막으로 요나의 목소리는 요나서에서 더 이상 들을 수 없다. 그러나 요나서는 이것으로 끝나지 않는다. 야훼의 마지막 말씀이 남아 있기 때문이다.

죽음을 불사하고 정의로운 사회를 위해 항거하던 한국 근대사회의 어제가 새삼 기억난다. 이에 비추어 볼 때, 최근에 일어나는 자살 풍조는 깊이 재고해야 하고 또 올바로 선도되어야 한다. 죽음을 통한 항변이나 해결이란 언제나 옳은 일이 아니다. 요나도 걸핏하면 죽음을 들먹인다. 사실, 야훼 하나님에게 요나 한 사람의 죽음이 무슨 대수로운 일이겠는가? 하지만, 그를 끝까지 참아내는 야훼 하나님의 인내와 교훈은 그의 죽음이 연기되어야 하고 재고되어야 함을 가르친다. 한 사람의 죽음으로 모든 문제가 끝장나는 것이 아니기 때문이다. 또, 죽기 전에 배워야 하고 실천해야할 생의 교훈이 있기 때문이다.

요나에게는 죽는 일보다 우선적으로 깨달아야 할 사실이 있다. 그것은 아껴줌(**후쓰**)이다.

> 네가 수고도 아니하였고 재배도 아니하였고 하룻밤에 났다가 하룻밤에 말라 버린 이 박넝쿨을 아꼈거든 하물며 이 큰 성읍 니느웨에는 좌우를 분변하지 못하는 자가 십이만여 명이요 가축도 많이 있나니 내가 어찌 아끼지 아니하겠느냐?(10-11절).

요나서를 통틀어 그 어떤 것에도 요나는 자기의 긍휼을 아무런 이해관계 없이 나누거나 베푼 적이 없다. 4장 내내(아니 요나서 전체에서) 요나의 반응은 자기중심적이며, 자신의 이해관계에 따라 변했다. 니느웨 성의 구원을 목도했을 때 그는 이를 싫어하고 분노했다. 이유는 자기(유대인으로서 혹은 예언자로서)의 입장에 불리하게 작용할 것이라는 판단 때문이었다. 만일 니느웨가 여기서 살아남는다면 훗날 역사적으로 그들이 일으킬 전쟁으로 유다와 이스라엘이 시련을 겪게 될 일을 미리 예견하고 걱정했는지 모른다. 또 그들이 멸망당하지 않고 보존된다면 자기의 예언은 참이 아니라 거짓으로 판명되는 불명예를 당할 것을 염려했는지도 모른다.

그런 그가 초막 위로 자란 박넝쿨을 심히 기뻐한 적이 있다. 그것이 그늘을 제공해주기 때문이었다. 오로지 자신의 이익에 따라 반응하던 그가 이 박넝쿨이 벌레 먹혀 말라죽었을 때는 어떤 반응을 했던가? 이에 대한 보도는 생략되어 있다. 다행히도 여기서 야훼 하나님은 요나가 그 박넝쿨을 아꼈다는 사실을 공개하신다. 그런 요나의 아낌과 야훼의 아낌이 동등하게 비교되어야 한다는 뜻에서이다. 요나가 박넝쿨을 아낀 일과 야훼 하나님이 니느웨의 수많은 인명과 육축을 아낀 일을 대조해 보라는 의도이다. 니느웨 성읍 주민의 수효는 넝쿨이 자란 키의 크기와 비교된다. "하룻밤에 났다가 하룻밤에 말라버린"에 해당하는 히브리어 표현은 "하룻밤의 자식이 되었다가 하룻밤의 자식으로 말라버린"으로 직역이 가능하다. 특히 "자식"(**벤**)이란 단어와 니느웨의 "좌우를 분변하지 못하는" 아이들이 유사한 수준에서 비교된다. 무엇보다 중요한 사실은 요나가 무엇인가를 아꼈다(!)는 점이다. 그리고 만일 요나가 그토록 아낀 아낌이 자기의 목숨을 걸고서라도 마땅한 것이었다면, 야훼의 아낌 역시 마땅한 것이 아니냐는 논리이다. 여기서 요나의 아낌은 이전과 달리 아무런 이해관계도 없이 베풀어진 것이었다. 그저 한갓 식물에 불과하지만 그 존재가치에 대한 아쉬움 때문에 우러나온 아낌이었다. 하룻밤의 짧은 순간일망정 나눈 애정 어린 동정심이 있었다는 것이다.

야훼 하나님은 요나에게서 분노 이상의 것이 있음을 지적하신다. 그것은 무엇인가를 아낄 줄 아는 마음이다. 요나 자신도 몰랐던 마음이었다. 야훼는 요나가 이 사실에 눈뜨기를 바라신다. 요나가 자가당착에서 벗어나고, 누구는 되고 누구는 안되며, 어떤 일은 용납되며 어떤 일은 용납할 수 없다는 전통적 신학의 공식과 교리의 틀 속에서 야훼와 지루하고도 집요한 정당성 논쟁과 불필요한 힘겨루기에서 벗어나는 길은 요나 역시 무엇인가를 아무 이해관계 없이 사랑하고 관심을 베풀 줄 아는 존재라는 사실에 눈뜨는 일이다. 그래서 그 자신 하나님의 형상으로 지음 받은 존재로서 하나님의 아낌을 이해할 수 있는 존재, 자기 자신 역시 그런 동일한 아낌을 나누어 준 존재라는 사실을 인정하는 일이다. 이스라엘의 신앙 지도자, 진리의 아들 요나는 야훼 하나님이 식물이든, 짐승이든 자연계의 무엇인가를, 그리고 이방인 니느웨 사람이든 언약공동체 이스라엘이든 모든 인간들 중의 누군가를 차별 없이 긍휼히 여길 수 있는 자유로운 존재임을 인정해야 한다. 그(한국의 교회 지도자)는 스스로 설정한 한계와 범주를 벗어나 자기를 극복하고 이 하나님의 자유와 긍휼에 동참하는 사명자로 발돋움해야 한다.

쿰란 공동체는 요나서를 구약성경 예언서의 마지막 책으로 여기는 말라기서 다음에 놓고 읽었다. 그만큼 요나서의 위상과 그 용도가 자유로웠다는 증거다. 요나서의 사상과 논지는 구약성서가 구축한 전통적 신학에 자유롭다. 자유롭지만 오히려 구약성서의 신학을 한층 격상시켜준다. 하나님의 자유와 긍휼을 제약 없이 증거 하기 때문이다. 요나서의 주인공 요나는 교회의 지도자, 전통적 신학 옹호자, 신앙공동체의 과거가 이루어 놓은 산물이요 결정체를 대표한 것으로 읽을 수 있다. 그래서 요나서는 신학적 금기를 뛰어넘어, 적과 친구를 구분하고 차별하는 이분법적 증오의 신학을 비판하고 그 맹점을 성찰하기에 더 없이 좋은 성서이다. 요나 극복하기란 다시 말해서 한국 교회의 신학과 신앙양태를 극복하기이다.

요나서의 묵상은 아직 다 끝나지 않았다. 앞으로도 더 깊은 요나서 묵상을 통하여 한국의 신앙공동체가 잊고 살았던, 혹은 단편적으로 무시하거나 적대감을 보였던 가치들에 대하여 새롭게 각성하고 그래서 하나님의 자유와 긍휼을 찬미하는 성숙한 신앙공동체로 발돋움할 수 있기를 희망한다.

6. 요나서의 생명신학

근래에 생명에 대한 경각심을 새롭게 일깨워 주는 운동이 사회 곳곳에서 일어나고 있다. 교회도 예외는 아니다. 신학계가 대체로 생명 운동에 적극적인데 비해, 유독 성서학계만은 아직도 이 운동에 미온적이다. 성서는 생명의 문제를 다룬다. 따라서 생명 운동과 관련한 성서연구는 우선적으로 다루어져야 할 작업이며 당위이다. 문제는 성서학자들이 성서가 말하는 생명을 협소하게 이해하고 있다는 데 있다. 사실, 성서가 관심하는 생명은 인류의 생명은 물론이고 자연과 생태계의 보존과 회복도 포함한다. '생명의 신학'이란 용어가 사용하기에 시기적절한지 또 이 용어가 의미하는 바가 현재의 신앙공동체에게 무엇을 의미하는 지 다소 모호하고 포괄적인 측면이 고려되지만, 여기서는 그것을 '창조 세계 전체에 깃들어 있는 생명(체)과 환경에 관한 총체적인 신학 논의'라고 정의할 것이다. 우리는 생명신학에서 다룰 수 있는 다양한 주제들 가운데서 무엇보다도 '생명(체)와 환경의 상호관계성'(relatedness of life/living things and environment)에 초점을 맞추어 요나서를 읽어보고자 한다. 다시 말해서 이 작업은 요나서를 생명신학이라는 해석학적 렌즈를 착용하고 인간과 세계의 환경－비생물체와 생물체를 모두 포함하는－사이의 상호관계가 하나님의 통치 안에서 어떤 역할을 하면서 우리에게 진리의 메시지를 던지고 있는지를 숙고하려고 한다.

요나서 1장에서 요나는 하나님의 니느웨 파송 명령을 거역하고 정반대 방향인 다시스로 도망간다. 도망가는 요나가 탄 배를 향해 하나님은 '큰 바람'을 던지신다. 곧 폭풍이 일고 요나가 탄 배는 곧 파괴될 정도의 절대적 위기에 처하게 된다. 배에 탄 선원들은 이 위기 극복을 위해 합심하여 애쓴다. 그들은 뱃짐을 바다에 내던졌고 급기야는 이 해상 위기의 주범으로 드러난 요나마저 바다 위에 내던진다. 한 사람 요나의 불순종은 순풍에 돛 달고 항해하는 배와 선원들을 파멸시킬만한 위기를 초래하였다. '큰 폭풍' 앞에 인간의 이기와 문명은 무력하였다. 대자연의 폭력을 대항할 의로운 인간은 등장하지 않는다. 대자연의 힘 앞에 인간이 생존을 위하여 갈무리해 둔 모든 '물건(문명의 산물)'은 인류의 생존을 위하여 무용지물이 되어 버렸다. 한 인간이 바로 섰더라면 대자연은 순순히 길을 열어주었을 것이다. 대자연의 주인이신 하나님이 길을 막을 이유가 없을 것이기 때문이다. 요나의 행동 방향과 움직임에 따라 1장 이야기의 환경과 생태계는 정상(순풍)에서 비정상(폭풍)으로 움직인다. 요나를 색출해낸 바다는 그 광포함을 중지한다(1:15). 자연과 인간은 하나님이 다스리는 이 세계무대의 두 배역이다. 자연은 하나님이 지목한 완악하고 무책임한 교조주의자 요나를 색출하고 징벌하는 대행자이다. 한반도 강산의 곳곳이 때 아닌 게릴라성 집중호우로 엄청난 물난리에 인명피해와 더불어 중병을 치르고 있다. 그 바람과 폭우는 또 누군가를 색출하려고 저렇게도 무정하게 퍼부었을까? 대도시마다 인구집중으로 주택 건축문제, 도로 확충문제, 환경 문제 등으로 씨름하고 있다. 이런 와중에서 대도시 변두리에 몰려 사는 하층민들은 해마다 일어나는 자연 재해에 속수무책으로 가산과 목숨을 상실할 위기에 노출된 채 살아가고 있다. 누가 이들에게 닥치는 재난을 막아 줄 것인가? 산과 들, 바다와 강도 모두 정상이 아니다. 모두 인간이 뿌린 재난의 씨앗들 때문에 중병을 앓고 있다. 재난의 현장 속에 문제의 요나는 어디에서 무엇을 하고 있는가?

요나서 2장은 '큰 물고기'가 요나를 삼킴으로써 존재가능해진 요나의 기도가 실려 있다(2:2-9). 흔히들 요나가 회개하였기에 이 '큰 물고기'가 익사직전에 있는 요나의 목숨을 바다에서 구해주었다고 이해한다. 하지만 이야기는 이런 통속적 이해와 다르게 전개된다. 물고기의 삼킴과 토함(1:17, 2:10)은 모두 구약에서 심판의 의도로만 사용된 동사이다. '큰 물고기'는 요나의 도피행각을 완벽하게 종식시키려는 하나님의 심판을 대리하는 역할을 하는 생명체이다. '나를 바다에 던지면 바다가 잔잔해지리라'는 요나의 이타적인(?) 제안은 사실상 자신이 받은 하나님의 명령을 거부하기 위한 최종선택이었다. 죽음만이 죽기보다 싫은(!) 니느웨 파송을 거부할 유일한 도피처였다고 판단한 것이다. 그런 요나의 선택을 무위로 만든 것이 '큰 물고기'의 '삼킴'이다. 이 삼킴으로 물고기 뱃속에 들어간 요나는 의식을 되찾고 아직도 살아 있는 자신을 발견하고 기쁨의 찬송가를 부른다. 기도문은 탄원으로 시작하여 감사로 마무리하는 감사시에 속한다. 구원을 감사하고 있는 요나를 주목하자. 그가 언제 죽기를 자청했던 사람처럼 보이는가? 게다가 그는 1장에서 겪은 끔찍한 바다의 경험을 모두 하나님의 탓으로 돌리고 있다. 주께서 깊음의 바다로 자기를 던졌고, 그 파도와 물결은 주의 것이라고 말하는 요나를 보라(2:3-4)! 그 풍랑이 과연 누구 탓으로 발생했던가? 책임을 하나님께 돌리고 있는 요나는 실상은 여전히 하나님과 맞서고 있다. 호흡이 멎고 의식을 잃어 죽음의 문턱을 넘어 서는 순간에도 그의 뇌리에서 떠나지 않는 것은 자기의 경건한 기도였다고 자랑한다. 자기가 구원받은 것은 순전히 철저히 훈련된 자신의 경건함 때문이었다는 것이다. 위기 속에도 성전을 향해 기도하는 순발력을 자랑한다(2:4, 7). 요나의 자화자찬이다. 게다가 구원을 주는 분이 야훼 하나님이었다는 고백(2:9)은 자기의 목숨에게만 한정된 것이었다. 이방인에게 그 구원의 능력이 베풀어지는 것을 고려하고 있지는 않다. 그의 기도에는 뉘우침이나 회개가 없다. 사명에 대한 깊은 성찰도 없다. 이방인 선원들이 생명을 건지기 위해 바친 숭고한 노력을 정당하게 평가하는 솔직함과 감사의 흔적도 없다. 그는 여전히 이방인을 가증스럽게 여긴다(2:8). 그의 뇌리에는 성전에서 살다가 성전에 계시는 하나님의 도움으로 위기에서 벗어난 한 종교인의 비생산적이고 순환적인 사고만 남아 있다. 죽기로 작정했으나 다시 살아나게 된 요나는 고기 뱃속에서 누리는 안전을 즐거워한다(2:6, 9). 그 순간. 물고기는 이 얼빠진 요나, 텅 빈 가슴의 요나를 역겨워한다. 그래서 토해낸다. 우웩! 소화가 안 되는 돌 같은 자이기 때문이다. 그동안 요나는 사실 심판을 받고 있었다. 그러나 그는 그것을 전혀 깨닫지 못한다.

요나를 삼킨 '큰 물고기'는 그를 소화시켜 형질 변경을 시도했으나, 오히려 뱃속에서 안일하고 평안을 즐기는 요나를 발견한다. 고기는 더 이상 방관할 수 없어서 토해 버린다. 물고기는 요나를 감지하고 있었다. 물고기는 결코 요나의 안전을 보장해주는 성전이 아니다. 자연과 생물들은 인간 사회를 감싸고 있다. 인간 주변의 생명체들은 인간의 생각과 판단 까닭에 친구가 아닌 적으로 변한다. 그것들은 마치 인간의 생각을 읽고 느끼며 판단하기라도 하듯이 반응한다. 역겨운 인간 군상이나 집단을 자연과 생물들은 용납하지 않는다. 그래서 상호 공존이 불가능한 지경에 이른다. 토해내는 물고기를 보라. 여기서 자연과 생물들의 인간에 대한 역할을 오해하지 말자. 인간은 자연과 공존해야 할 책임과 의무가 있다. 전원주택이 유행이다. 자연 속에 호젓이 풍광을 즐기며 여유 있는 삶을 누리기를 누군들 원치 않겠는가? 문제는 그러기 위해 울창한 산을 잘라내고 산림을 훼손하며 땅을 파헤친다. 그리고 시멘트로 지표면을 덮어버린다. 그래서 물이 땅에 스며들 공간이 없고 활용도 못한 채로 바다로 흘려보낸다. 악덕 공장주들은 심지어 오수와 폐수를 처리하지도 않은 채 비용절감을 위해 몰래 강으로 흘러가게 한다. 그래서 물고기들이 떼죽음을 하기도 하고 식수로 사용하기 어렵게 만들기도 한다. 강 상류와 강변에 자리 잡은 레저 시설들이 강산을 오염시킨다는 지적이 어제오늘이 아니다. 그러나 사람들은 여전히 오직 즐거움을 위해 자연을 망가뜨리고 있다. 결국 그것은 다수 국민의 생존을 위협할 때가 올 것이다. 산 속의 전원주택 단지와 공장 지대를 둘러싼 산림은 그 속에 살려고 몰려드는 사람들을 언젠가 토해낼지 모른다. 자연이 친구가 아닌 원수로 탈바꿈하여 나타나는 그 날이 오지 않도록, 미리 미리 그들과 화해해야 한다. 자연의 잠재력은 엄청나다. 재앙을 당하고 뉘우치면 때는 늦으리. 소 잃고 외양간 고치는 우를 범치 않도록 인간의 파트너인 자연과 생태계의 보존을 위해 적극적으로 나서야 한다.

3장은 마지못해 말씀을 선포하는 요나(3:3-4)와 니느웨의 숭고한 행위(3:5-10)를 대조시키고 있다. 니느웨의 왕은 백성의 여망을 저버리지 않는다. 백성이 회개한다는 소문을 듣고 왕 역시 참회의 자리로 움직인다(3:5). 그리고 조서를 내린다. 짐승이나 소 떼 양떼를 포함하여 사람들이 금식하고 또 굵은 베 옷을 입고 야훼 하나님께 회개의 기도를 드리라는 것이다(3:7-8). 놀라운 사실은 이 조서가 인간의 회개 행위는 물론이고 짐승이라는 생명체의 범주를 포함시키고 있다는 점이다. 아니, 왕은 재앙을 돌이키기 위한 회개 행위에 동물세계의 참여를 적극적으로 강요하고 있다. 어찌 생명세계에 인간 홀로 존재하던가? 그 땅의 생명이 인간뿐이 아님을 니느웨 왕은 간파하였다. 그의 신학은 요나보다 훨씬 앞서 있다. 신앙지성인보다 신앙 없는 이방인이 더욱 자연의 생명체를 소중히 인식하고 있다는 이 묘사는 우리에게 중대한 도전을 한다. 생명신학을 구현하려는 니느웨 왕의 마음과 생각은 4장에서 작은(적은) 생명이라도 긍휼히 여기시는 야훼 하나님의 마음과 대동소이하다. 요나와는 비교도 되지 않는다. 지구상에는 인간만 존재하는 것이 아니다. 지구상에는 인간과 더불어 사는 수많은 생명체들이 존재한다. 그들은 모두 하나님의 피조물이다. 그들의 상호 조화, 이것이 생태계를 보존하는데 앞장서야 하는 당위성의 출발점이다. 신앙지성인이여, 각성하라. 우리는 불신자들보다 이 문제에 있어 뒤쳐져 있다. 3장은 인간세계와 동물세계가 하나가 되는 정황을 그리고 있다. 그리고 그 하나됨은 다가올 재앙을 무효화시킨다. 하나됨의 승리이다. 신앙인이여 각성하자!

4장은 요나와 야훼 하나님 사이에 벌어진 논쟁이다. 요나는 자기의 생각이 옳다고 끝까지 고집한다. 니느웨의 멸망을 외쳤던 요나는 선포된 말씀이 현실대로 이루어지지 않자 다기 죽기를 고대한다(4:1-3). 그가 죽음의 문턱에 다가섰던 적이 언제였던가? 다시 죽기를 고집하는 요나에게 하나님은 중심을 잃지 않으시고 태연히 물으신다: “너의 성냄이 어찌 합당하냐?”(4:4). 요나는 자신의 주장을 관철하기 위한 데모에 돌입한다. 그가 지은 초막 위로 박넝쿨이 자랐다. 요나는 박넝쿨 그늘을 몹시 사랑했다(4:5-6). 뜨거운 동풍과 벌레 때문에 박넝쿨이 죽자 요나는 다시 죽기를 자청한다. 환경이 바뀜에 따라 즐거워 하다가 그 환경이 바뀌면 죽음을 자청하는 요나를 누구에게 비할 수 있을까? 요나는 자신이 환경에 지배되는 평범한 인간임을 인정하고 있다. 그러나 동시에 그 환경의 가치를 자기중심적으로 판단하는 오류를 범하고 있다. 사명자가 다른 생명(인간과 자연, 동물세계 모두를 포함하여)을 고려하지 않으면 이런 중대한 판단착오를 범할 수 있다. 요나도 미물에게서 즐거움을 발견하던 순간이 있었다. 자기가 땀 흘려 얻은 것이 아닌데도 그는 소중히 여긴다. 대조적으로, 하나님은 좌우를 분별치 못하는 십 이만 여명의 생명과 셀 수 없으리만치 많은 육축(!)을 소중히 여기셨다(4:11). 인간이 소중한 만큼, 육축으로 대표되는 짐승들의 생명 역시 소중하다는 것이 하나님의 설명이다. 그들을 모두 하나같이 소중히 여기는 이유가 또 중요하다. 여기에 요나의 끝없는 항변의 기세를 꺾을 만한 요점이 놓여있다. 사실 4:7에서 박넝쿨이 시들었을 때 요나가 어떻게 반응했는지 본문은 명료하게 설명하지 않았다. 그러나 4:10에서 하나님은 요나가 이 시들어버린 박넝쿨을 소중히 여긴 사실을 상기시킨다. 적어도 요나가 소중히 여긴 생명체가 바로 박넝쿨이었다는 점을 지적한다. 1장에서 4장에 이르는 동안 요나는 오직 자신에만 몰두하였다. 아이로니칼하게도 그가 긍휼히 여긴 존재는 이방인과 니느웨 사람들이 아니었다. 그들은 요나의 안중에 없었다. 그러나 그는 큰 물고기 뱃속의 안전을 사랑했고, 박넝쿨이 만들어준 시원한 그늘을 좋아했다. 생명을 긍휼히 여기는 마음과는 거리가 먼 요나이지만 그럼에도 불구하고 시들어버린 박넝쿨만은 아까워했다. 여기에 하나님이 겨냥한 논의의 모든 무게가 실려 있다. 야훼 하나님은 이렇게 말씀하시는 것 같다:

> 내가 인간의 목숨과 짐승의 생명을 소중히 여긴 것을 너는 못마땅하게 생각한다. 그러나 그런 너 자신 역시 소중히 여기는 것이 있지 않느냐? 비록 하룻밤 사이에 났다가 하룻밤만에 말라버린 박넝쿨이라도 소중히 여긴 것은 아주 잘 한 일이 아니냐? 너 역시 식물을 소중히 여길 마음이 있다는 사실을 항상 기억하라. 너에게도 가능성이 전혀 없는 것이 아니다. 너에게도 이런 나의 긍휼함을 이해할 만한 바탕은 얼마든지, 충분히 존재한다.

하나님은 모든 생명체를 소중히 여기신다. 요나서에서 하나님은 아무 생명이라도 함부로 희생시키거나 무시하지 않는다. 하나님은 생명체들을 통하여 요나와 논쟁하고 요나를 가르친다. 이방인과 니느웨 사람이 중요한 것은 물론이거니와 바다와 물고기 역시 하나님의 소중한 피조 세계이다. 하룻밤에 자라났다가 하룻밤에 시드는 식물이라도 요나라는 인간의 교육과 변화를 위해 사용된다. 자연환경은 궁극적으로 인간을 유익하게 만든다. 요나서의 자연은 요나를 사명자의 자리에 서도록 만드는 일에 쓰인다. 인간과 자연은 상부상조하며 상호 의존적이다. 자연 환경이 인간에게 호의적이다가 갑자기 적대적으로 바뀐 데에는 언제나 요나로 대변되는 신앙지성인의 무책임하고 안일한 태도가 자리 잡고 있다. 그러나 니느웨 왕의 태도가 자명하게 지시하듯이, 사람은 모름지기 사람은 물론이고 짐승 세계도 돌볼 책임이 있다. 게다가 요나 같은 엽기적인 예언자라도 그의 마음 한 구석에는 박 넝쿨의 시듦을 안타깝게 여기는 긍휼함이 자리 잡고 있지 않은가? 요나서는 요나에 대한 책망으로 끝나지 않는다. 일말의 희망을 남겨둔다. 그에게도 긍휼함을 가슴에 담고 생명 전체를 소중히 여길 가능성이－비록 지금은 아주 사소한 박 넝쿨에 국한되어 있고 그 가능성이 인간의 생명 전체에게로 퍼져 나가기 위해서는 넘어야 할 많은 장애가 남아 있을지라도－남아 있기 때문이다.

요나서의 생명신학은 하나님 안에서 인간과 자연이 동반자 관계를 회복하기를 바란다. 인간이 스스로 자연의 정복자와 파괴자로 군림한다면 인간은 이 지구상에서 더 이상 행복해지지 못할 것이다. 자연환경에 대한 무관심이 최대의 적이다. 풍랑이 드세지는 것을 보고 배의 밑전에 내려가 잠자는 요나가 바로 우리의 모습이 되어서는 안 된다. 자연 없이 인간은 생명을 만끽할 수 없다. 하나님은 모든 세계가 다 보시기에 아름다우셨다. 보시기에 아름다운 세상 전체의 일부로서 인간은 그 세계를 잘 관리할 사명이 있다. 이를 위해 우리 기독교인들은 부름을 받았다. 이것을 구현하기 위해 먼저 성서로부터 생명의 신학을 배울 필요가 있다. 기독교인들은 자연을 정복하고 다스리라는 명령(창 1:28)을 근거 삼아 자연과 환경파괴를 문제 삼지 않은 채 인류 문명 건설에 이바지해왔다. 그러나 오늘에 이르러 하나님이 지으신 자연환경과 생태계는 엄청나게 훼손되고, 또 파괴되었음을 고백하지 않을 수 없다. 근래에 더욱 심화된 이 생태계 파괴와 훼손은 더 이상 인류를 지탱해줄 수 없을 지경에 이르렀다는 관측과 보도가 끊이지 않는다. 생태계는 인류의 적이 아니다. 자연과 인간은 하나님의 무대에 숨 쉬고 활동하는 두 주인공이다. 양자는 동반자적인 위치에 있다. 하나님이 지으신 세계 속에서 기독교인은 모든 생명체를 존중하는 자세를 갖고 인간의 구원은 물론이겠거니와 우리가 살고 있는 환경이 오염되거나 생태계가 파괴당하는 상황이 더 이상 진행되지 않도록 나서야 한다. 더 나아가 이제껏 파괴되고 변형된 자연을 생명이 충만한 아름다운 옛 에덴동산의 모습으로 복구시키고 하나님의 의로운 통치가 이 땅에 충만히 임하게 되는 그 날을 위해 신앙인의 책임과 헌신이 요구된다. 요나서는 말한다. 우리에게 하룻밤만에 시드는 생명체를 소중히 여기는 마음의 너그러움이 있다면, 생명세계 전체를 소중히 여길 너그러움 또한 가질 수 있지 않겠는가?

7. 요나서의 패러디

예전에 한 친구가 이렇게 말했다. “신학을 하는 것은 하나님과 세상과 나를 아는 것이다”라고. 신학생들은 숱하게 어려운 과목들을 접하면서 충분히(?) 하나님을 배울 것이다. 나 자신에 대해서도 매일 자신의 몸과 마음을 빌어 호흡하며 함께(?) 살기에 아마도 잘 알고 있을 것이다. 그러나 신학생에게 세상을 물어보면 깡통이다. 세상을 잘 아는 학생들을 세속적이다, 과격하다, 경건치 못하다고들 비아냥댄다. 이런 태도가 정말로 신학을 하는 바른 자세일까? 그네들은 하나님도 모르는데 무슨 세상 관심인가? 하고 되물을 것이다. 그럴지도 모른다. 정말 하나님도 모르는데 어떻게 세상에 관심을 쏟을 수 있는가? 그러나 거꾸로 생각해 보면, 세상을 모르니, 하나님도 모르는 것이 아닐까? 세상을 다스리는 하나님을 알려면 세상 속에 어떻게 하나님이 움직이시는지, 또, 이러 저러한 세상살이에 대해 어떤 생각을 갖고 계실 지에 대해 관심을 가져야 하지 않을까? 예전에 구원이란 교회 ‘안에만 있다, 밖에도 있다'는 논쟁을 벌인 적이 있다. 역사적 기독교는 구원이 교회 안에만 있다고 결론지었다. 그래서인지 오늘의 신학생들은 오로지 교회에만 관심을 쏟는다. 심지어 어느 목사님들은 신학공부가 실제 목회에는 방해가 되니, 신학 수업에 매달리지 말라고 신신 당부한다고들 한다. 하나님의 관심사는 교회에 있다. 그러나 그 이유가 어디에 있는가? 교회를 통하여 이 세상에서 하실 일이 있기 때문이 아닌가? 하나님은 교회 자체의 운영에만 관심을 두시지 않음이 분명하다. 구약시대의 선민 이스라엘이 오직 성전에만 머물고, 성전만 소중히 여기자, 하나님은 그 성전을 무너뜨리셨다. 밭같이 갈아엎었고 돌무더기를 만드셨다(미 3:12). 예수님도 비슷한 생각을 가지셨다. "성전을 헐라, 내가 사흘 동안에 일으키리라"(요 2:19). 성전이나 건물로서의 교회가 중요한 것이 아니다. 또 모임 자체가 최후의 목적이 아니다. 교회에 모인 사람들이 무슨 생각을 하며, 무슨 자세로 세상을 살도록 가르치는가 하는 것이 가장 중요하고, 그래서 그 사람들이 이 세상에서 올바로 살아가도록 지도하는 것이 교회의 지상 목적이다.

이 구도와 틀을 깨닫지 못하는 신학생, 교회, 그리스도인이 많다. 답답하다. 답답할 때는 한 번의 격의 없는 웃음이 보약이 된다. 인기 있는 목사들은 잘 웃긴다고들 한다. 그러다 보니, 너도나도 강단 설교에서 청중을 웃기려고 애쓰는 것을 본다. 정작, 성경을 읽어보면 웃음을 자아내는 책이 있다. 구약성서의 열두 예언서 중의 요나서가 그 책이다. 코미

디라고 부를 수는 없어도 여하간 독자에게 묘한 웃음을 선사하는 책이다. 요나서는 일간 신문의 제 2면을 장식하는 '시사만평' 유형의 장르에 속한다. 매일 벌어지는 사회상 속에서 중요한 정치-경제-사회의 단면을 한 컷의 우스꽝스런 만화에 담아 시류의 해석과 비평을 실은 것이다. 실컷 웃게 만드는 '웃으면 복이 와요'는 아니지만, 입가에 웃음을 번지게 만들면서 속이 시원한 느낌을 준다. 요나서 패러디란 요나서의 시사만평이란 뜻이다.

그럼, 요나서가 어떤 시사를 만화로 평론하고 있는가? 요나서 패러디의 주인공은 구약시대 예언자 요나이다. 요나는 북이스라엘의 여로보암 2세의 영토 확장 정책을 후원한 예언자이다(왕하 14:25). 요나는 '아밋대의 아들'이다. 그의 부친의 이름을 대는 것을 보면 웬만한 사람은 다 알만한 이름 있는 가문의 사람임을 알 수 있다. "누구누구의 아들"이란 히브리어 표현은 가문을 말할 뿐 아니라, 그가 속해 있는 집단의 이름, 혹은 추구하는 직업을 암시하기도 한다. 특히 예언자 수업을 하는 사람들을 히브리어로 "예언자의 아들들"로 표현하는데 이것은 그들이 혈연관계에 있다는 의미가 아니라, 사실상의 혈연관계 이상의 스승과 제자 관계를 나타내며, 그들이 추구하는 직업과 인생관이 예언자임을 암시한다. 더구나, 구약의 인물들의 이름은 그 사람이 살아갈 인생의 모습을 함축적으로 담고 있는 예가 많다. 예를 들어, 모세는 "물에서 건짐을 받은 자"란 뜻을 지닌다. 그의 이름은 그가 태어나자마자 나일 강물에 던져져 죽을 번한 위기 속에서 건짐을 받으므로 지어졌다. 그의 이름처럼 모세는 이스라엘 백성들을 이집트에서 탈출시킬 때, 앞에 가로막은 홍해에서 이스라엘 민족을 구원한다. 이름의 의미대로 산 인생인 셈이다. 요나는 "아밋대의 아들"이다. "아밋대"란 진리를 뜻한다. 그는 진리의 아들인 셈이다. 그의 인생은 진리를 추구하고 진리를 수호하고 진리대로 산다는 의미가 담겨 있다. 그러나 그가 신봉하는 진리를 하나님은 기뻐하시는가? 수긍하시는가? 보다 근본적인 질문을 던져보자. 요나가 믿는 바가 과연 진리인가? 요나서 패러디는 요나가 신봉하는 진리 자체와 요나의 삶 자체를 패러디하고 있다. 요나서에서 요나는 누구와 논쟁하고 있는가? 세상 사람들이 아니라 자기가 믿는 하나님과 논쟁하고 있지 않은가? 요나가 믿고 있는 진리체계는 하나님과 정면으로 대결을 하고 있다(욘 4:2, 11). 하나님과 대결하는 진리라니, 그런 진리가 과연 진리일까? 그것을 위해 목숨을 바칠만한 가치가 있는가?

요나서의 패러디를 하나씩 벗겨보자. 요나는 자기를 예언자로 세우신 하나님의 명령을 들었다. 그것을 거역하고 니느웨로 가기는커녕 다시스로 가는 배를 탔다. 니느웨가 사명을 완수할 장소인데 세상의 끝이라고 알려진 정반대에 위치한 장소로 가고자 한다. 지금 이 자리의 사명 수행을 위한 목적지를 외면하고, 종말과 천당(!)을 지향한다. 티켓을 끊어 다시스로 가는 배를 탄 요나는 마치 구원의 표를 얻어 천당 가는 배(구원호)를 탔다고 믿고 즐겁게 노래 부르는 주일학교 학생 같다. 하나님의 계획이 전혀 다른 곳에 있을 가능성에 무관심하다. 배를 탔으니 안심한다. 안심이 중요한 것이 아닌데도 말이다.

아니나 다를까, 요나가 탄 배는 하나님이 던진 광풍을 만난다. 배에 탄 이방인 선원들은 자기들의 배를 지키려고 안간힘을 쓴다. 요나는 이것을 보고 배 밑층으로 내려가 깊은 잠을 청한다. 요나와 선원들은 한 배를 탔다. 이방 선원들은 배를 구하려고 안간힘을 쓴다. 반면에 요나는 깊은 잠을 청한다. 배 밑층의 어두운 바닥에서 잠을 잔다. 그는 소속사회 중 공동운명체의 어려운 현실에 눈감는다. 외면한다. 울어도, 힘써도, 참아도, 아무것도 해결할 수 없다고 생각해서 그랬을까? 우리 사회, 우리가 사는 공동운명체에 무관심한 신학생과 신학의 패러디이다.

이 깊은 잠을 누가 깨우는가? 성령인가? 이방인 선원의 우두머리가 와서 요나를 흔들어 깨운다. "자는 자여 어찜이뇨 일어나서 네 하나님께 구하라 혹시 하나님이 우리를 망하지 않게 하시리라"(욘 1:6). 어째 귀에 익숙한 말 같지 않는가? 그렇다. 부흥회 때마다 부흥강사들이 외치던 그 어구이다. "일어나라, 깨어라, 빛을 발하라!" 이렇게 귀에 따가울 정도로 익숙한 부흥의 메시지를 누가 말하고 있는가? 하나님의 예언자가 아니다. 성령도 아니다. 이방인 선장이다. 신앙인이 위기에 처한 사회를 구하려고 지도력을 발휘하고 있는 것이 아니다.

이것이 유감이다. 비신앙인, 비기독교인, 아니 어쩌면 타 종교인이 사회의 구원을 위해 지도력을 발휘하면서 영적인 각성을 하라고 심령부흥의 메시지를 던지고 있는 것이다. 왜 우리 기독교인이 아니냐고 묻지 말자. 기독교인들은 이 사회의 지도력을 상실한 지 오래이다. 이미 사명을 회피하였는지 않는가? 안도의 한숨을 쉴 수 있다는 사실에만 전전긍긍한지 오래이다. 평안을 간직할 수만 있다면 더 이상의 불화와 갈등, 땀과 투쟁의 현장에는 절대로 가지 않겠다고 선언이라도 할 모양새로 그저 하늘에서 내려오는 평안을 즐긴다. 평안이 아무리 좋기로서니, 책임을 방기하였다는 지적과 고발에는 발뺌을 할 수 없다. 선원들 사이에 제비를 뽑아보니 모든 책임과 원인이 요나에게 있음이 모두에게 알려졌기 때문이다.

선원들이 "너는 누구냐?"고 묻는다. 요나는 드디어 자기정체를 밝혀야 할 시기가 되었다. "나는 히브리 사람이요 바다와 육지를 지으신 하늘의 하나님 여호와를 경외하는 자로라." 용감하고 떳떳한 신앙고백이다. 어디 한 군데도 흠 잡을 수 없는 선언문처럼 들린다. 요나의 분명하고 명쾌한 목소리가 채 우리들의 귓가에 사라지기도 전에 또 다른 질문들이 우리 안에서 솟구쳐 나온다. '그런데 도망은 왜 가나? 정말 경외하는 것 맞아?' 요나는 말과 행동이 다르다. 말만 옳으면 무엇하나? 행동이 뒷받침되어야지. 기독교인의 제일 큰 문제가 바로 이것이라고 이구동성이다. "기독교는 말씀의 종교이다. 그래서 교회(교인)는 말이 많다." 말 많은 교회(교인)를 지긋지긋하게 여기면서도 아무도 고치려고 생각하지 않는다. 고치는 방법을 모르는 것 같다. 아마도 우리는 앞으로 기독교는 말씀의 종교라고 하지 말고 "말씀대로 실천하는 종교"라는 점을 분명히 해야 할 것이다.

요나서의 패러디는 끝이 없다. 요나서에서 진실한 하나님 신앙을 갖게 되는 존재들은 이방선원들로 드러난다. 요나는 진리의 아들이라고 알려져 있으나 자신이 간직한 진리대로 살지 못하는 우스운 존재로 남는다. 신앙인은 패러디 속에 우스운 꼴로 남아 있고, 비신앙인은 성실하고 정직하게 현실에 대처하므로 인정을 받는다. 우리가 신앙하는 진리가 무엇인가? 진리를 알고도 진리대로 살지 못하면 그 진리가 무슨 소용이 있는가? 진리를 알면 자유하게 된다고 예수님은 말씀하셨는데(요 8:32), 과연 진리가 요나를 자유하게 하는가? 현재 우리가 믿고 있는 진리는 과연 우리를 자유하게 만드는가? 그 진리가 요나와 우리를 자유롭지 못하게 만든다면, 그것이 과연 진리이겠는가? 우리가 신앙하는 하나님이 일하라고 보내준 일터가 위기에 빠져 있다면 그것을 외면해서 되겠는가? 우리는 우리가 몸담고 살아가고 있는 이 사회의 위기가 무엇인지 알고 있는가? 이 사회에 관심이 있는가? 하나님이 관심을 가지듯이?

저자 소개

우 택 주

한양대학교 공대 기계공학과졸업(B.S.)
서울신학대학교 신학대학원(M.Div.)
연세대학교 연합신학대학원(Th.M.)
뉴욕, Union Theological Seminary(S.T.M.)
버클리, The Graduate Theological Union(Ph.D.)
박사학위 논문, "The *Marzeah* Institution and Rites for the Dead: A Comparative and Systemic Study with Special Attention to the Eighth-Century Prophets"(GTU, 1998)
현재 침례신학대학교 구약학 부교수

「새로운 예언서 개론」, 「8세기 이해의 새 지평: 사회과학 비평적 읽기」, 「구약성서와 오늘 I」, 「모두 예언자가 되었으면」, 「구약성서개론: 한국인을 위한 최신 연구」(공저), 「녹색의 눈으로 읽는 성서」(공저)를 저술하였고, 「아모스서의 형성과 신학」과 「농경사회 시각으로 바라본 성서 이스라엘」(공역)을 번역하였으며 그 외 다수의 연구논문을 발표했다. 현재, 「침례신문」에 "우택주 교수의 구약성서와 오늘"로 여러 해 동안 성서에세이를 싣고 있으며, 주로 사회과학적 접근법으로 8세기 예언서와 오경해석, 그리고 생태신학의 긴박성을 절감하는 구약신학에 많은 관심을 갖고, 성서와 사회, 역사, 문학의 상관관계에 따른 성서 연구에 몰두하고 있다.

"네가 수고도 아니하였고 배양도 아니하였고 하룻밤에 났다가
하룻밤에 망한 이 박 넝쿨을 네가 아꼈거든 하물며 이 큰 성읍,
니느웨에는 좌우를 분변치 못하는 자가 십이만여 명이요 육축도
많이 있나니 내가 아끼는 것이 어찌 합당치 아니하냐"
요나서 4장 10-11절.

새롭게 읽는 성서의 숨결 시리즈 I

요나서의 숨결

지은이 우 택 주

발행인 도 한 호

초판발행 2005. 1. 20.

개정판발행 2009. 4. 22.

등록번호 출판 제6호(1979. 9. 22)

발행처 침례신학대학교 출판부

주소 대전광역시 유성구 하기동 산14 (305-358)

전화 (042)828-3255, 257 / E-mail: public@kbtus.ac.kr

FAX (042)825-1354 / **홈페이지** http://www.kbtus.ac.kr

〈값 6,000원〉

ISBN 978-89-93630-04-6 04230
ISBN 978-89-93630-05-3 04230(세트)